新雅・成長館

成長疑難解答所
給小學生的
成長指南漫畫

心花雜誌　著
崔蘭　繪

新雅文化事業有限公司
www.sunya.com.hk

大家好！我是成長疑難解答所所長——神犬奇俠。從現在開始，我會用心聆聽你們的苦惱，逐一解答大家的成長疑難。

「神犬奇俠」小檔案

★ **身高：** 62厘米

★ **體重：** 35公斤

★ **職業：** 成長疑難解答所所長

★ **職責：** 解答小學生所經歷的各種苦惱，提供正確的解決方法

★ **診金：** 狗狗零食（任何種類、任何口味均可！）

★ **性格：** 勇猛，冷靜，喜歡沉思，思想開闊

目錄

第一章：日常二三事　遇上這些情況，怎麼辦呢？

第二章：人際關係　友情真是既重要，但又難處理。

第三章：個人偏見　摘下你的有色眼鏡吧！

與其努力變美，
不如多稱讚自己。

我真好看！

日後回看日記時，
總是滿載笑聲。

把回憶
一點點珍藏
起來吧！

來，嫲嫲請
你吃糖果。

糖果

謝謝！

沒關係。

每個人都有自己的煩惱

每個人都有自己的煩惱。有些朋友不想上學，有些朋友擔心和好朋友疏遠，有些朋友因為個子矮而傷心。又或者，對某些人來說，開玩笑是無傷大雅的事；但對某些人來說，卻像刺一樣，會受到傷害。

重要的是，每個人都有自己的煩惱。

其實，大人也一樣，也會遇到「怎麼辦？出大事了！」的情況。這時，不如了解一下其他朋友是怎麼做的。所以，我們寫了這本書。

讀着這本書，你可能心裏想：「嗯？我也有過這樣的經歷！」因為這些故事都是用小學生的真人真事來編寫的。

只溫習一點點，會取得好成績嗎？隨便發脾氣，還有人喜歡我嗎？怎樣才能活得更有趣？

希望這本書能說出大家的煩惱，為大家解決問題。我們也會繼續用心研究各式各樣的成長疑難！

心花雜誌

在解決瑣碎苦惱的路上成長

　　成長疑難解答所的神犬奇俠看似冷漠，但認識他後，發現他內心溫暖，擅長傾聽孩子的苦惱，提供明智的解決方法。

　　用漫畫描繪兒童講述自己的苦惱，最花心思的就是如何有效地傳達他們口中的意思，同時讓小讀者對畫中主角的情況產生共鳴。為了讓書中的孩子的感情和行為看起來更有趣，我添加了想像力，並為此絞盡腦汁。

　　在畫這本書時，我感受到的是，我小時候的苦惱和現今孩子的苦惱沒有太大的分別。說實話，結交新朋友仍然很困難；和好朋友吵架仍然很傷心；我也希望媽媽不要嘮叨，只給予愛；即使不說出口，我也希望有人能理解我的心意。

　　但回頭一看，這就是成長的契機——為了解決這些苦惱，思考很久，尋找方法。希望各位孩子能夠愉快地閱讀這本書，並成功解決沒能說出口的苦惱。在此，向世界上的孩子送上無限的愛和毫不吝嗇的支持！

崔蘭

第一章
日常二三事

遇上這些情況，怎麼辦呢？

同學拿我的名字開玩笑

開學日。

全都是不認識的人，怎麼辦呢？

今天是第一天上課，每人請用一分鐘自我介紹。

不行！不行！

千萬不要輪到我……

輪到最後一位同學。

我……我叫……

我的名字……是……

嚴宜範。

專長是……

真的嗎？不是吧！

呃……專長是……

哈哈！

你是不是有犯罪嫌疑，才叫這個名字？嘿嘿！

我就知道你們會這樣說！

我們抓到嫌疑犯！

報警吧！

小息時間。

嚴宜範。

誰啊？

嗒一嗒！

玉棟　福壽　萬哲

你要加入「名困會」嗎？

什麼來的？

名・困・會

（因為名字）（受盡困擾）（協會）

我們都是因名字受困擾的人。

神犬奇俠有話兒

拿別人的名字開玩笑，或者頑皮地給別人起綽號的事情經常會發生，因而受苦的人非常多。在我們身邊，有很多人的名字都很有趣，比如吳健康、胡徒松、林美香、麥如宛……名字獨特，雖然會常常被拿來開玩笑，但其實也有很多好處哦。

我小時候也很討厭朋友們嘲笑我的名字太突出，所以我很理解這種心情。

真的嗎？

對啊，大家都取笑我！

擁有獨特名字的人的故事

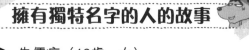

朱儒症（18歲，女）

爺爺本來想給孫女取名「朱瑜貞」。

瑜貞啊。

嗯嗯。

但登記辦事處的職員聽錯了。

她叫朱瑜貞。

朱儒症？

沒錯，朱瑜貞。

朱儒症出生登記完成。

這次獲選中的聽眾是朱儒症小姐，她的名字太獨特了，所以被選中！

多得這麼特別的名字，每次她給電台投稿，都會被讀出。

哥雅（15歲，男）

西班牙畫家

爸爸很喜歡畫家哥雅，所以兒子也叫「哥雅」。

因為名字非常特別，所以很容易被人記住。

你就是哥雅？你父母起名字起得很好啊！

因為這個名字，他交了很多朋友。

我記得你的名字。

名字真好記。

哥雅，繪畫你最棒！

胡蘆（20歲，男）

爸爸曾在鄉村生活，希望兒子可以像葫蘆一樣，簡單而樸素，所以取了這個名字。

看！鄉村多麼漂亮和純樸。

因為「胡蘆」是很顯眼的名字，所以他一直很注意自己的言行舉止。

書寫好了。

內容很正氣呢。

雖然他小時候很討厭這個名字，但長大後就覺得越來越好。

真是端莊正直的青年啊！

你好！

從很久以前開始，人們就很重視語言的力量，所以為孩子改名時，會非常慎重地起一個伴隨他一生的名字。

了解名字的意義，改變你的看法！

世界上，所有的事物都有名字。動物、植物、用具、屋邨和街道，甚至是我們感受到的情感，都有自己的名字。如果某樣東西沒有名字，或者別人不知道它的名字，它就很可能會被忽視。只有有了名字，才能被記住。因此，名字是非常珍貴的。

人類的名字，比其他事物的名字來得更特別，因為它特指某一個人。名字能使我們與別人區分開來，也能讓別人感覺到我們是獨特的存在，這就是名字的意義。我們不如一起來了解「名困會」會員的名字有什麼含義吧！

玉棟的意思
[玉（玉石）棟（棟樑）]
①玉指珍貴而純潔的寶石。
②棟樑指支撐屋頂不可缺少的木頭。

真有意思！

我的名字有什麼意思？

我的名字：＿＿＿＿＿＿＿＿＿

意思：＿＿＿＿＿＿＿＿＿＿＿

＿＿＿＿＿＿＿＿＿＿＿＿＿＿＿

＿＿＿＿＿＿＿＿＿＿＿＿＿＿＿

＿＿＿＿＿＿＿＿＿＿＿＿＿＿＿

儘管如此……

宜範的意思
宜：和順、和氣。
範：規範、模範。

說得沒錯，但「嚴宜範」讀起來太壞了……

宜範的內心
看完歷史書之後，他明白到……

我的天！

「古時候，人們成年後，可以給自己改名。」

王安石號「半山」，蘇軾號「東坡居士」，孫文號「逸仙」。

這個名字稱作「號」。

沒錯！等我長大後，也要自己取一個想要的名字！

就這樣，宜範夢想着18歲後改名。

號：除了本名之外，方便別人稱呼自己的名字。

我不想去上學

如果每天都是星期日就好了！

星期日晚上。

噢，明天是星期一啊……

怎麼又到星期一了！

父母的房間。

我明天不去上學！

嗚嗚……我不想上學啊！

快去睡！

一周後。

我想去玩。

罷課

學習不是人生的全部！

繼續抗議。

淘氣鬼，你怎麼了？

你以為只有你討厭上學嗎？

我也有討厭做媽媽的時候！

那麼你就休息一下吧！

反正媽媽喜歡怎樣就怎樣。

你說什麼？

媽媽也罷工。

我不幹了。

隨你們喜歡怎樣就怎樣。

真……真的嗎？

然後……

嘟嘟嘟 嗶嗶嗶

福壽通宵玩電子遊戲。

就算是星期一也不去上學。

星期一中午。

肚餓了。

怎麼一點食物也沒有！

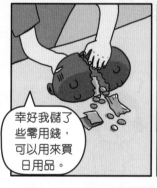

神犬奇俠有話兒

你們家中也有發生過類似福壽家的罷工事件嗎？剛過完周末之後的星期一，應該沒有人會很願意去上學或上班。但是，無論是成年人還是小朋友，都有需要擔當的角色，都有需要完成的事情。當然，我們也有權選擇做或者不做某件事情。一起來看看不同的決定，會帶來什麼樣的結果吧！

星期 一 二 三 四 五 六日

等等！所以你是要我改變主意，馬上去上學嗎？

不是呢！我只是想讓你看看你的選擇會帶來什麼後果。

選擇❶ 星期一不去上學。

媽媽憤怒中。

那麼，媽媽我也要罷工。

現在開始你自己看着辦吧！

全家罷工。

玩遊戲 看電視劇 上網

一整個星期只待在家裏。

凌亂的家。

連弟弟福滿也無辜受罪了。

家不成家了。

還不如去上學更好。

沒交上網費。

怎麼做都做不完。

斷網了！

獨自做家務。

誰來做飯？

好想吃媽媽做的飯……

終於想通了。

原來父母為我做了這麼多事情。

我要罷課。

不做學生

把我扔掉吧！

家裏每個人都受到影響。

爸爸不去上班。

抱歉，我要請假一周。

罷課的後果

媽媽也請假。

你自己看着辦吧！

打掃，做飯，我都不幫你做。

弟弟無法在家裏休息。

唉……

所以……

因為姊姊，連飯都沒得吃。

我帶來麻煩了。

該怎麼辦好？

選擇❸　妥協。

　　無論發生什麼事，積極尋求解決方法是非常好的態度。也正是這樣，人類才會有多種多樣的創新想法。當你不想上學時，試着想像各種不一樣的生活。想着想着，你可能就會改變主意，找到答案了。

同學都在說粗話

新學期，玉棟正在跟新同學互相認識。

同學，你們好。

喂，玉棟X來X了！

昨天你有來X嗎？

同學居然在說粗話。

對話有一半都是粗話。

#X*%^X@

好可怕！

一開始，還以為他們要打架，後來才知道，原來這是親近的表現。

滾X開吧！

你X才要滾X開呢！

說粗話好像讓人看起來比較風趣。

瘋X了，好X吃啊！

意思是非常好吃嗎？

就這樣不斷聽着粗話，漸漸習以為常。

粗話

粗話

某一天。

我也想說一次粗話。

滾X開。

呃……

我說粗話了？

嘩，玉棟說讓我們滾，呵呵呵！

他們的反應比我想像中小呢！

嘩哈哈，玉棟居然說粗話！

就這樣，玉棟說粗話的次數越來越多，還有……

我也X要X吃。

很好吃啊！

滾X開。

在家裏。

— 觀看足球比賽中 —

TV

哦？犯規！

怎麼搞的？

用力踢啊！

單憑這些言詞不能表達我的憤怒！

總覺得不痛快。

要說點粗話才暢快……

#X*@!^

喂！

被我抓到了，誰教你說粗話？

好好向我解釋！

哎呀

很痛啊！

之後，玉棟盡量避免讓家人聽見他說粗話。

叫你X不要X這樣了……

某一天。

啊 嘩 啊

海盜船

坐前面的中學生姐姐看起來很清純啊！

哇哇哇

我已經開始害怕了。

我的天，好緊張。

五分鐘後。

#(米 X &!

這X好X可怕X啊！

救X命啊……

好…好害怕。

姐姐們粗話橫飛。

*X$@)#

遊戲完畢，請下來。

嚇壞我了……

怎麼了？你不是很喜歡坐海盜船嗎？

呃……

^(*@X$&

比起海盜船，粗話的聲音更可怕。

有什麼要害怕？你不是也說粗話嗎？

呵呵

我還沒到她們的程度吧？

這就是你未來的樣子。

什麼？我會變成那樣？

(*X#%!&

我怎麼可能說這麼可怕的話？

神犬奇俠有話兒

　　從來沒有說過粗話的玉棟，不知道什麼時候漸漸習慣了說粗話。升上高年級，會有很多同學開始從身邊的朋友、哥哥、姐姐或者大人口中聽到粗話，甚至開始模仿他們說粗話。我們明知道說粗話是不對的，但為什麼還是會跟着說？其實那是由大腦中的「鏡像神經元」造成。

新學期開始時玉棟的「腦細胞活動」

緊急情況！
大家快出來！
怎麼了？

發生什麼事？

今天是新學期開學，大家都知道吧？
友情細胞

我們一定要打醒十二分精神，盡快跟新同學變得親近。
玉棟這一年就靠我們了。

沒錯，玉棟太認生了，這是個大麻煩！

要是他交不到朋友，一個人孤孤單單……
那就慘了！

真不放心。
不安細胞

如果交不到朋友，怎麼辦啊？

不用擔心。
？

有我在！
鏡像細胞

「學人精」細胞：看到目標對象的行動就會做出相似模仿。越是感覺到能產生共鳴，或者對象越是自己喜歡的人，模仿慾就會越強。

他可信嗎？
？？

鏡像細胞很厲害！
這樣的話，玉棟肯定會成為人氣王！

①跟別人戴一樣的帽子。

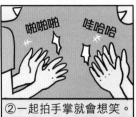
啪啪啪　哇哈哈
②一起拍手掌就會想笑。

呀，這個對啊。
呀，這個對啊。
③習慣跟隨別人說話。

鏡像細胞很厲害！
這樣的話，玉棟肯定會成為人氣王！

但是，鏡像神經細胞真的存在嗎？

當然啦，這在1990年代由意大利科學家首次發現。

好朋友之間說粗話就代表關係親近嗎？經常說粗俗語言，說話語氣也會變得粗暴。長此下去，會變得越來越沒有耐性，越來越不理會別人的感受。

不是吧？我的朋友只是說話粗魯，他們其實都很友善。

只要經過了解，所有人都是善良的！

後續故事

之後……
哼，媽媽真是個嘮叨鬼！
玉棟啊……
玉棟啊……

玉棟成為了中學生。
好X多作業X啊。

高中時期。
喂，你X別騙人X啦！

成年後。
玉棟經常說粗話。
不想聽他說話。
看來大家都覺得我很有霸氣，才不敢靠近我！

玉棟「細胞世界」的視覺……
這裏都變成廢墟了。

現在是粗話細胞的世界。
只要我不喜歡，就全部清理掉！
暴力細胞
說粗話的細胞

另一邊廂……
觀察細胞
咳咳 咳咳
你們是誰？

我們是耐性細胞和同理心細胞。
我們曾經是玉棟腦內數量最多的細胞呢。
同理心
耐性

現在呢……
玉棟曾經是個善良的孩子。

那時候，我們都太相信鏡像細胞，放任他們模仿所有行為，才會變成這樣。

對不起……
？

鏡像細胞，原來是你。
現在玉棟已經不怎麼關心身邊的事了。
什麼？他只喜歡自己。

都怪我，明知道說粗話是不好的事情，但只要一看見就跟着模仿。

那麼只模仿好的事情不就可以了嗎？

鏡像細胞，從現在開始，你多看些好事吧！
這是好方法！

沒錯。有什麼好的事情呢？
不久之後……

我來找找看！
為了玉棟，細胞開始努力改變。

在什麼時候使用鏡像細胞、怎麼使用鏡像細胞，都由我們自己決定。你們看看自己有沒有在無意間模仿他人的行為吧！

嗯……怎麼辦？

23

我控制不了說粗話

繼續是玉棟說粗話的某一天。

再這樣下去，你就會變成跟那些說粗話的姐姐一樣了！

我才不要。

但是……

嗯……

怎麼了？

不說粗話的話，不知道說什麼好。

我的手機總是會自動安裝一些奇怪的程式，你的會這樣嗎？

沒有啊，但萬哲的手機會這樣。

雖然一直讓自己忍住……

萬哲，你的電話也那樣吧？

現在X才知道X嗎？

呃……

但說粗話已經成為習慣了，很難改掉。

^#*X$@

#$@^*X

嗚嗚

我錯了，又說粗話了。

在「細胞世界」裏。

關懷心細胞

喂，舌頭細胞，你到底在幹什麼？

舌頭細胞

喚……

我們也沒有辦法，他們太強大了。

他們指誰？

暴躁細胞　舒爽細胞

怎麼了？想怎樣？

好爽啊！

鏡像細胞到底在哪裏？在幹什麼？

左看看　右看看

鏡像細胞

)$X*@)^

X@#X&

嗚嗚！

糟糕了……玉棟周圍全都是說粗話的朋友。

再沒有可以模仿的朋友了！

怎麼辦啊？

玉棟啊……

噠噠噠咚咚咚

你上次不是說想學圍棋嗎？

圍棋？

快說你想學！

沒錯！

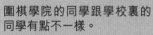

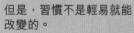

25

正當玉棟在煩惱「已經習慣了講粗話，要改掉嗎？」的時候，他認識了一班新朋友。玉棟一開始跟新朋友交往時，總是小心注意不說粗話，可是隨着時間過去，他越來越難堅持。

> 不要在意同學怎麼看，先想想你自己想怎麼做。

> 學校的同學都說粗話，我跟着一起說也沒什麼大不了。但是，圍棋學院的同學都不說粗話，要是我說粗話，我怕他們會覺得我很奇怪。

> 跟學校的同學在一起時，雖然很開心，但說話就會越來越粗俗。

> 他在罵我嗎？

> 圍棋學院的朋友雖然很善良，但都很無聊。

> 玉棟啊，你這樣永遠贏不了。

> 又輸了。

> 等一會和我一起複習今天學過的東西吧！

> 沒事，我只是發發牢騷。

> 你們為什麼總是這麼認真？

> 不過，這樣沒什麼不好。如果是學校裏的同學，他們一定會嘲笑我。

之前玉棟是為了跟同學變得親近，所以開始說粗話，而現在他卻因為控制不了說粗話而感到迷茫。可是，經過一番苦惱之後，他有了決定——一定要減少說粗話。

> 無論如何，都不能說粗話。

玉棟的決心！

> 玉棟做出決定之後……
>
> 細胞會議
>
> 這樣他會失去所有朋友！
>
> 我們要阻止玉棟說粗話！

> 你為什麼左搖右擺？請認真駕駛。
>
> 理性細胞

> 耐性細胞
>
> 我在認真駕駛啊！

> 全部讓開！
>
> 喂！
>
> 太鬱悶了，我受不了！

> 舒爽細胞的速度太快了！
>
> 超強勁的舒爽細胞來了！
>
> 呼呼呼
>
> 粗話一定要說出來才暢快！

> 玉棟已形成說粗話的習慣，不容易改正過來。
>
> &X!^(%

> 又說粗話了。
>
> 這輩子都要做粗話精了。

雖然玉棟下定決心不再說粗話，但只靠忍耐，是很難改變習慣的。玉棟思考過「我為什麼會說粗話？」但是想不出答案，大概是為了看起來更強勢，或者想吐出心中不快吧。

習慣一時改不了也沒關係。能反思自己為什麼會有這些行為，已經很了不起。只要一點一點地改正過來，就能成為更好的人，要相信我們每個人都有這種力量。

我向媽媽說謊了

放學後，孩子們一起玩耍。

擋住他！

哎呀

補習要遲到了！

苦惱

擔心

怎麼辦？要現在走嗎？

不去了，反正都遲到！

你媽媽不會罵你嗎？

不理了。

擔心

媽媽不會知道吧……

我回來了。

蒜頭炒熱後加入茄子。

快吃飯了，去洗手吧！

知道了。

坐立不安

吃飯吧！

媽媽不可能知道吧……

吃飯時。

托里，今天補習班有作業嗎？

呃……

沒……沒有。

鎮定，鎮定點。

12月快到了，托里在思考想要什麼聖誕禮物。

我想要56色彩色蠟筆。

我想要……

棒球手套！

今年，聖誕老人可能不會送禮物給你呢！

啊？為什麼？

不知道呢……你捫心自問一下吧。

目瞪口呆

媽媽是不是知道了？

不如自己坦白吧？

做了錯事，就應該要受教訓！

↑某天早晨

仁慈善良的媽媽：
昨天放學後，萬哲引誘我跟他一起踢足球。

托里決定寫信給媽媽。

某天傍晚。

托里啊，過來吃飯吧。

說了謊之後，心很累啊！

以後一定不會再說謊了。

今晚我們吃炸雞？

好味道！

又吃外賣？

爸爸今晚不回來吃飯，我們吃外賣吧！

半小時後。

叮咚叮咚

爸爸回來了。

慘了，他肯定會說我不做飯，又叫外賣。

你們跟爸爸說，已經吃完飯了！

為什麼？

當然不能說實話。

讓他知道我們只顧自己吃，他肯定會很傷心。

我回來了。

好香啊！晚餐吃了什麼？

吃完飯回來

呃……就隨便吃了家裏有的飯菜。

累不累？快去洗澡吧！

當天晚上。

？？

家庭賬簿

2022

托里敬上

仁慈善良的媽媽：
其實我昨天去了踢足球，沒有上補習班，我說謊了，對不起。今天一定會去補習班的！為了補償，我會幫你保守昨天沒有做飯的秘密。

生氣

托里這孩子！

托里擅自決定原諒媽媽撒謊。

神犬奇俠有話兒

因為跟朋友踢足球而沒有去補習班的托里，雖然玩得很高興，但回家後因為怕被媽媽教訓而坐立不安。每個人也曾有過類似這樣的經歷吧！我們經常會說什麼謊話呢？我曾經訪問過一羣小學六年級的學生。

最近經常說的謊言

第一位：
與玩電腦有關　（20人）

你又玩電腦？

我沒有啊！

第二位：
與學習和作業有關　（9人）

作業做完了嗎？

今天沒有作業呢！

一會兒做就行了。

第三位：
與去網吧有關　（6人）

你跟玉棟哥哥一起去哪裏玩？

你不需要知道。

第四位：
與考試有關　（3人）

什麼時候考試？

不知道。

其實是明天。

第五位：
與禮物有關　（2人）

你又買貼紙？

是福壽送給我的。

其實是自己買的。

這些謊言比想像中有趣，嘻嘻！

排行最高的說謊原因都是與玩電腦、做作業、去網吧等有關，背後的原因都是害怕被父母教訓。孩子大多是因為害怕或者覺得麻煩，為了保護自己才說謊。

大人叫暴風雨的嘮叨

但是謊言真的能蓋得住真相嗎？雖然托里這次說謊沒有被媽媽發現，但如果他下次又沒有去補習班，他會做出怎樣的選擇？

托里的選擇

選擇❶：再次說謊。

今次也不會被發現吧？

成功 / 失敗

又沒被發現。

真是好運，哈哈！

你又撒謊！

選擇❷：如實坦白。

上次說謊令我很不安，這次我要坦白……

成功 / 失敗

謝謝你如實告訴我。

好有勇氣！

又為了踢足球，沒去補習班，罰你這周沒有零用錢。

早知就不說出來。

不要因為坦承了自己的錯誤，就期待父母會稱讚你。雖然可能會受到嚴厲的批評，但是心裏會舒服些。而且，我們總不能一直說謊，所以我們需要勇氣坦白過錯。如果你因為害怕被責罵而一直躲在謊言後面，那麼你只會一直膽怯下去。希望各位朋友心中的勇氣之花能夠茁壯成長。

下次吃了炸雞，就如實和我說。

是的，知道了。

噢，我的花！

再不給我養分……

恐怕就要枯萎了。

嚓嚓嚓

勇氣力量

勇氣之花

班上有壞孩子，怎麼辦？

通告

學校是文明的地方，校園內要說話有禮，不准說粗話，敬請遵守。

哼，說得輕鬆……

但是，在現實生活中不是那麼容易做到。

這樣的規矩，只有幼稚園才會遵守。

翌日。

今天我們要分組活動。

現在請大家分組，討論要建造怎樣的房子。

誰要來第三組？

我！

我們組並不是很團結。

我要建造由機械人變身而成的房子。

太複雜了。

我想建造歐式別墅。

格雷特發言時……

住嘴！時間無多，趕緊開始！

我想要歐式……

①心情不好時，情緒就爆發。

那種東西，你自己回家慢慢做吧！

②別人不聽話時，就大發脾氣。

聽我說！做這個！我是組長。

③總是命令別人。

結果被老師教訓。

這是什麼？

第二組

都怪格雷特。

主題：紙房子
方法：用紙拼接

你們組，我只給一分！

好煩人！

很討厭格雷特，總是自作主張。

不要再跟他玩。

咦？他們去哪裏了？

格雷特就這樣被排斥。

32

一直留意着他們的福萬有了個想法。

格雷特這樣粗暴地說話，惹來同學討厭。

所以老師才會讓我們好好說話。

現在終於明白了。

老師，請原諒我。

通告

之後，福萬一直觀察格雷特。

老師，為什麼只有我沒有搭檔？

原來像格雷特這樣粗暴是不行的。

格雷特，下課後你跟我去教員室。

福萬開始以與格雷特相反的方式說話和待人。

福萬說話很有禮貌。

你真是友善！

好親切！

某一天。

喂，你跟我過來。

哦……

喂，我要問你！

嗯……

怎麼了？

怎樣才能跟同學好好相處？

啊？

意料之外的剖白。

我怕同學不聽我的話，所以才大聲說話。

漸漸地，我身邊的朋友越來越少。

但你不一樣，你很受歡迎。

這個……

秘訣到底是什麼？快教教我吧！

其實我……

在格雷特自己都不為意的時候……

我是看着你學的。

我是這麼優秀的人嗎？

成為了別人的老師。

神犬奇俠有話兒

竟然發生了這麼意想不到的事情！也許，因為這件事，福萬和格雷特會成為好朋友。其實，福萬對格雷特的看法，跟其他同學有些不同。

只想躲避格雷特的同學

改變自己說話和行為的福萬

雖然班主任一直強調要說話有禮，待人友善，但福萬一直只當耳邊風，真正讓他改變的是格雷特。因為格雷特，福萬跟同學的關係越來越好，甚至還感動了格雷特本人。

到底是誰改變了福萬的行為？

①老師

②格雷特

③福萬

④宇宙氣場

格雷特算是福萬的老師嗎？

是的，因為他給福萬帶來了正面影響，所以算是老師。

VS

不是，說話和行動粗暴的格雷特，怎麼能成為老師？

只是福萬自己做得好而已。

平時，一說到老師，我們會想到學校裏教我們知識的長輩。但其實，老師的意義，還包括讓別人領悟到某些道理或者給別人指引方向的人。

在所有人都躲避粗暴的格雷特時，福萬把他當成一面鏡子，努力讓自己說話溫柔，行為端正。

幸好，格雷特現在不再是「壞孩子」，而是「值得學習的對象」。這樣看來，福萬完全是個學習天才吧？9月10日是香港的教師節。各位朋友，身邊有沒有曾給你們指引過方向的人？大家都像福萬一樣，發揮尋找師表的能力吧。還有，記得要向你們的老師表達感激之情哦！

任何人身上都有值得學習的地方！

要好好向別人學習。

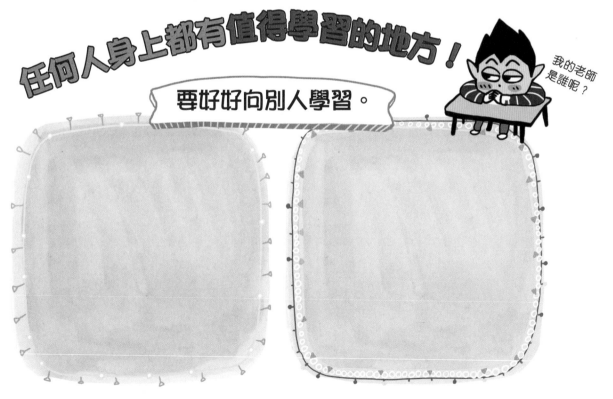

第二章
人際關係

友情真是既重要，但又難處理。

真正的好朋友應該互相尊重。

我跟別的朋友玩，她就生氣了！

我來為你牽紅線

絕對不行！

走廊

竊竊私語

什麼？真的嗎？

我沒想到你會喜歡格雷特，上次他向你告白，你不是拒絕了嗎？

那時候，確實拒絕了……

但之後，我會經常關心他，覺得他人很好。

那就直接跟他說吧！

快去吧！

馬上交往。

絕對不行！

我已經拒絕過他……

你要保守秘密啊！

當然啦，別擔心！

羅拉吐露完秘密後，開始肆無忌憚跟福壽討論有關格雷特的事情。

早上，格雷特跟我打招呼。

分組時，我們在同一組！

有這麼高興嗎？

這是他昨天發給我的笑話，嘻嘻嘻！

這樣不就是在交往嗎？快表白吧！

哎呀，不是這樣的，你別胡說。

真讓人無奈……

當天晚上。

你知道嗎？格雷特他……

唉，我聽夠了。

無論如何，我都要幫幫她。

呵呵呵！

完美！

羅拉交往計劃
1. ----------
2. ----------

翌日下午。

小食店內。

咯咯

炒年糕來啦！

咦？

咦？

是我叫他來的。

快過來！

看我的吧！

怎麼了？你為什麼叫格雷特來？

好好吃啊！

好吃嗎？

突然……

哎呀，忘記了，我今天要去補習班。

那麼我們一起走吧！

不用，你們慢慢吃完再走。

我先走了。

呼嗤嗤

呃……

翌日。

羅拉跟格雷特應該成功了吧?

她要好好報答我。

嗨,羅拉。

惱怒

怎麼了?發生什麼事?

你知道昨天有多尷尬嗎?

昨天,福壽離開之後……

哈哈,明白了。

一切都想通了。

羅拉,是你叫我來的吧?

我會接受你的心意!

來吧!

不是這樣的!

走開!

羅拉又再次拒絕了格雷特。

我們現在的關係更尷尬了!以後要怎麼面對格雷特啊?

因為你總是說不出口,我才想幫你!

誰讓你幫?你為什麼自作主張?

福壽知道羅拉喜歡格雷特卻無法表白,因此為他們製造了進一步的發展機會。但沒想到,反而引起了羅拉憤怒。該怎麼辦呢?

如果提前告訴羅拉,她肯定不願意去,我覺得福壽做得對。

一起吃炒年糕的時候,明明氣氛很好呢。你突然生氣了,真是令人費解。

當時在那裏肯定不能發火啊!但是我真的覺得很錯愕,誰讓你幫忙?

應該提前跟羅拉商量好,再邀請格雷特才對吧?

40

沒錯！我只是想幫助羅拉才那樣做。

福壽認為，只要給羅拉製造表達內心的機會，她跟格雷特就能進一步發展。她絕對沒有要讓羅拉難堪的想法。

但是，喜歡格雷特的人是羅拉，決定跟格雷特以什麼關係相處的人也是羅拉。福壽卻在沒有提前告知羅拉的情況下，邀請了格雷特過來。站在羅拉的角度，這讓她因預想不到的情況而感到彷徨。

看，我給你們都安排好了。

有時，面對朋友時，我們會這樣想：
「只要我稍微幫忙，就會成功。」
「這樣做的話，應該會更好。」
「我這樣做，會對他很有幫助。」

但是，帶着這樣的想法去幫助朋友，倒有可能給對方帶來麻煩，就像福壽這樣。

福壽啊……

想幫助別人時，試試這樣做：
不要想「我覺得這樣做，對你會很有幫助。」
應該首先問「你想怎樣做啊？」然後再幫忙。

單憑自己的決定就急切地挺身而出，反而有可能讓別人覺得很討厭，或者認為受到干涉。所以，如果想幫助朋友，一定要先把朋友的話聽完，再問問朋友真正想要的是什麼，這樣才能真正幫助朋友啊！

你是屬於我一個人的朋友

放學後。

由美，我們一起去吃小食吧！

等等我。

好……好啊。

1 小食店裏。

要吃嗎？

來笑一個。

我為什麼要笑？

faceBook

香腸太美味了，嘿嘿！

香腸

#強烈推薦 #必吃美食♥
由美的Facebook

翌日。

我還是很憤怒啊！

靜慧要再上載些更厲害的東西！

2 看電影。

最愛看電影！最愛吃焦糖爆谷！

靜慧的Facebook

電影優先場

#和由美一起來看電影 #讚讚讚

翌日，學校裏。

靜慧啊……

你跟由美去看電影嗎？為什麼不叫我一起？

你跟珍妮去看就好了。你不是跟珍妮很親近嗎？

嗯？你是什麼意思？

夠了。你不是跟珍妮一起去剪髮嗎？

還吃了漢堡！

什麼啊……你怎麼了？

其實是這樣的……

原來如此！

智淑到底說了什麼，讓靜慧這麼驚訝？請從右邊的選項中，選出智淑有可能說過的話。

①對不起，我以後不會再跟珍妮玩了。

②比起你，我確實跟珍妮更要好，我們絕交吧！

③你都不聽我解釋就誤會我，太過分了！

④哼，你真的很小氣呢！

全都不是我想要的回答……

智淑的角度

智淑啊。

你不是說想剪頭髮嗎？

是呀！

兩位媽媽是朋友。

二人同行，可享七折優惠。

比想像中好看呢！

朋友，你們選了什麼答案？其實智淑是給靜慧解釋了整件事的來龍去脈。

對不起，你應該提早告訴我啊！

我根本不知道你會那樣想。

靜慧的立場

♣ 感到自己沒有被尊重。

不是跟我最親近嗎？好朋友應該什麼事情都一起做才對啊！

♣ 感到不安。

她以後跟珍妮更親近的話，我該怎麼辦呢？

智淑的立場

♣ 感到抱歉。

我讓靜慧難過，有點對不起她。

♣ 感到為難。

我也有其他朋友，難道以後什麼都只能跟靜慧一起做嗎？

如果智淑像靜慧所想那樣，任何事情都只跟她一起做，十年後會變成怎樣呢？

無論是多親密的好友，都會有各自喜歡的東西。我討厭的東西，可能是朋友喜歡的東西。我喜歡的東西，朋友可能會討厭。好友之間，要互相尊重彼此的個人生活啊！

必看！

守護友情的三大法則

①感到難過時，主動問清楚對方是什麼一回事，並且冷靜地表達自己的感受。

雖然事情是這樣，但還是有點難過……以後再發生這樣的事，請提前告訴我。

②要明白，無論關係多麼親密，總有一些事情是沒辦法一起做的。

雖然智淑跟其他朋友一起玩……

但她仍然是我的密友啊！

③千萬不要在背後說好朋友的其他朋友的壞話。

你跟珍妮一起做什麼了？其實珍妮她……

她在說珍妮的壞話嗎？

雖然不太容易，但還是建議各位要好好遵照以上法則！

因為是**朋友**，所以就要**忍耐**？

敬禮！

陳老師，再見。

福萬，一起踢足球吧！

昨天踢過了，不是說好了今天打棒球嗎？

今天再踢一次，明天才打棒球吧！

好的，但是明天一定要打棒球哦。

嗯嗯！

翌日。

說好了今天打棒球哦。

嘖⋯⋯

不滿

犯規
犯規

喂！

極不情願

快跑啊！

江哲，快點扔球。

唉！

噠咕嚕嚕

！！

棒球一點都不好玩。

他又這樣了。

他是我的好朋友，我要忍耐。

神犬奇俠有話兒

當事情不能按照自己的意願發生時，江哲就會發脾氣。就算是再好的朋友，福萬應該也會覺得很難受。

福萬的立場

已經做了這麼久的好朋友了，突然之間疏遠他也不容易。既然是朋友，我也很想盡量理解他，但真的有點難。

江哲的立場

你高興，我就高興。

我很喜歡福萬，因為他總是很明白我，也很包容我。

如果福萬討厭我，他肯定會說出來。

江哲強迫別人服從自己的想法，一旦不服從就發脾氣，這樣是不對的。不過，我們也很理解福萬這種不想跟朋友鬧翻的心情。

不要。

不喜歡的時候，不就是要清楚表達自己的想法嗎？

只有確切地表達出來，才能讓江哲清楚知道自己的錯誤，並改正過來。

呀！你再說一遍。

對不起。

跟朋友說這些話，本來就很難。如果說了之後打架怎麼辦？

這時候，怎麼說才好呢？

如果我是福萬，我會這樣說：

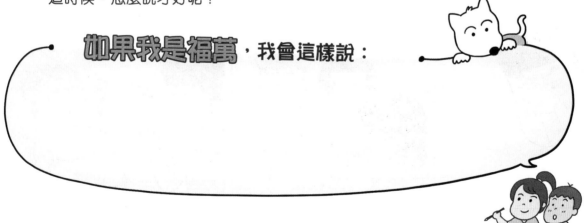

48

如果不能果斷地一次過說出來，可以嘗試一點點暗示。

步驟❶ **嘗試輕鬆地表達自己的內心。**

先站在朋友的立場，再簡單說出自己的想法。

你看，棒球真的不好玩，不是嗎？

雖然昨天踢足球很有趣，但我覺得打棒球也不錯。

吃小食不會花你很多時間！

嗯，但我今天沒有時間。

如果吃得太勿忙，對腸胃不好啊。

步驟❷ **減少相處時間。**

在心情不好的時候，繼續一起的話，說不定會起爭執呢。

啊，我去一下洗手間。

突然很急！

呃？我還沒說完。

步驟❸ **誠實地表達想法。**

擔心朋友會生氣？我們不要預設結果，先嘗試一下吧！可能朋友會出乎意料地聆聽你的想法呢。如果誠實坦白了，但情況沒有改變，請看步驟❹。

對不起啊，我不知道你是這樣想的。

嘩，江哲竟然會說這種話！

步驟❹ **就從好朋友變成普通朋友吧！**

如果性格不合，就別勉強做好朋友。對自己而言，這反而是更坦誠的做法。但是，一定不能在背後說朋友的壞話！

你跟江哲怎麼了？

沒什麼特別啊。

只跟隨某個人單方面的意願行動，不能算是健康的好友關係。關心和理解朋友雖然是好，但是也要找到願意聆聽自己心聲的人做朋友。

福萬開始躲避江哲。

喂！

自此之後，他們自自然然疏遠了。

一年後。

偶然相遇

你好。

你好。

他是誰啊？

哦，是我以前的好朋友。

就這樣，福萬和江哲都各自有了自己的新朋友。

-完-

比爭執更難的是和解

翌日。

咦？

尷尬

你們兩個到現在還沒和好？

和好？

同學們，想吃這個嗎？

我要吃！

羅拉，你也來吃吧！

算了，我不喜歡吃巧克力。

明明口水都流出來了。

羅拉那傢伙，到現在還在生氣。

喂，對不起！

什麼？

昨天我錯了。

你錯在哪裏了？

說實話，也不是我一個人的錯！

什麼？你這是道歉的態度嗎？

你這麼挑食也不是什麼好事。

你說完了沒？

打起來了。

你先放手。

現在認輸的話太丟臉了。

聽說吵架能增進感情——討厭對方之情。

51

神犬奇俠有話兒

就這樣，本來只是一個小小的玩笑，演變成了大爭執。曾經是親朋密友的羅拉和福壽，可能會因此而關係疏遠。有重新打開二人心扉的辦法嗎？

場景❶

爭執當晚，福壽和羅拉都睡不着覺。她們心裏想：「雖然我有錯，但你也太過分了！」

大家也試過爭執之後睡不着嗎？

神犬奇俠提議1

嘗試對換思考方向。「雖然你有錯，但我也做錯了。」

像神犬奇俠提議那樣，反過來思考吧！

我也有類似的經歷！

心中的想法有改變嗎？

場景❷

雖然想和解，但是沒有想像中容易。福壽比較倔強，而羅拉又不接受她的道歉。她們的心情大概是這樣的：

神犬奇俠提議2

如果難以開口，就試試寫信。寫信的過程中，我們的想法和心情也會重新被梳理。

兩個人的誤會越來越深，同學全都圍過來了。哎呀，這時候該怎麼辦呢？

她們在打架！

誰會贏？

現在不能認輸了！

你們試過在其他人的圍觀下打架嗎？

有人看着的話，出於自尊心的緣故，爭執會變得更嚴重。

神犬奇俠提議3
找一個兩個人能單獨對話的地方，好好和談。

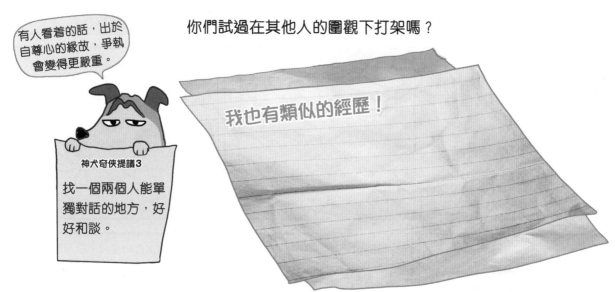

我也有類似的經歷！

兩個人有不同的想法是很正常的。但是，不反省自己的行為，只管埋怨對方的話，很可能會令我們失去摯友。所以，我們要找到能打開受傷了的心房的鑰匙。不知大家擁有什麼樣的鑰匙呢？

第一把鑰匙：承認自己也有做錯。

第二把鑰匙：寫信給對方。

第三把鑰匙：兩個人單獨對話。

我的黃金鑰匙——爭執後的和解大法

請接受我的道歉

在課室練習體育堂學到的跳馬。

再彎低一點，我試試跳過去！

快點吧！

秀彬

福萬

我來了。

等等。

哇

哇！

哎呀，我的頭！

要叫老師來看看嗎？

糟糕了，他受傷了，怎麼辦呢？是我的錯嗎？早知道就不跳……

雖然福萬已經去醫療室檢查完，回到教室了，但秀彬還是很苦惱。

氣氛尷尬

要道歉嗎？

但是明明是大家一起玩才會那樣的。

①秀彬決定用歌聲來暗暗道歉。

對……不……起……

對……不……起……

②送蘋果批給福萬，以示歉意。

對不起！

這次一定會成功。

為什麼會有甜品？是誰送的？

好好味啊！

是我送的！

有沒有其他不傷自尊的道歉方法？

麗萊

秀彬啊，沒有道歉方法是不傷自尊的。

直接道歉吧！

這樣最簡單了。

麗萊

秀彬決定向福萬道歉。

鼓起勇氣道歉吧！

但太難為情了。

福萬。

？

對⋯⋯對⋯⋯

對了⋯⋯美術作業做完了嗎？

沒做的話，快點做。

我發短訊給福萬道歉吧。

福萬

對不起。

嘩嘩嘩嘩嘩嘩

這樣不行，看起來很沒誠意。

刪除

我不會道歉的，因為你也有錯！

這樣說不好。

傳送

一小時後。

喂，你在幹什麼？

不行，這樣也不行。

傳送

嘟

我的天，按錯了！

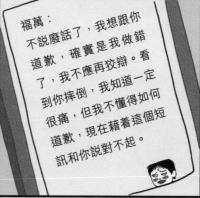

福萬：
不說廢話了，我想跟你道歉，確實是我做錯了，我不應再狡辯。看到你摔倒，我知道一定很痛，但我不懂得如何道歉，現在藉着這個短訊和你說對不起。

這是什麼意思？

希望你快點好起來！

PS:
I like you, my friend. But I cannot express myself well.

From秀彬

最終，秀彬學會了用文字道歉。

神犬奇俠有話兒

秀彬想向受傷了的福萬道歉，但好像不太成功？相信我們都有跟秀彬相似的遭遇——想向某人道歉，卻說不出口，獨自苦惱。

對不起

打開這扇門走出去很難啊！

道歉時的內心掙扎

道歉很傷自尊心。

要道歉嗎？但明明是大家一起玩才會這樣的。

不知為什麼，就是很難為情。

對……對不起……

也因為不知道該怎麼開口，而陷入迷茫。

我不會道歉的，因為你也有錯！

這樣說不好。

傳送

甚至因為說錯話而讓人越來越生氣。

我也沒做錯什麼！

但是，如果因為難以道歉，而一直拖下去，關係可能會變得更尷尬。還有，不真誠的道歉還可能會引發更大的爭執。

這樣的道歉是真心嗎？

不傷自尊的道歉方法

不傷自尊的道歉方法

怎樣的道歉才能得到朋友的原諒？讀一讀以下的真人真事，再好好思考一下吧！

有一位年輕的魔術師，因為舞台照明系統故障，而被迫取消演出。

演出　取消

已經等了一個小時的觀眾生氣得大吵大鬧。

我很難才來到的，怎麼能取消！

觀眾已經等一個小時。

嗚嗚！

真的很抱歉！

他向觀眾鄭重道歉。

十分抱歉！我們會補償給大家。

補償方法1 更換演出場次　補償方法2 100% 退還票價

所有工作人員都跑出來，向觀眾解釋情況，並說明補償方法。

觀眾的心情開始平伏下來。

雖然一場超過1,000名觀眾的演出被取消了，但是觀眾大多數都表示理解。主辦方的道歉很是成功。

為什麼會這麼成功？

當然全靠坦誠的解釋，以及真誠的道歉。

安撫對方生氣的心情也很重要。

　　舞台照明系統故障是無法預料的意外，也說不上是魔術師的責任，但是魔術師真誠地向觀眾道歉，能安撫觀眾憤怒的心情。這不就是真誠道歉的力量嗎？

　　世界上沒有從不犯錯的人。雖然承認自己犯錯和道歉是有點彆扭的事，但是當你戰勝了羞恥感，真誠道歉時，朋友的心情也會得到安撫，自己也會變得更自在。

為了成為更成熟的人，我會承認自己的錯誤。

對不起。
我在草地上拉屎了。

道歉真是需要無比勇氣呢！

　　朋友，如果有未來得及道歉的事，就抓緊機會，好好表達自己的歉意吧！

第三章
個人偏見

摘下你的有色眼鏡吧！

我是不是戴着有色眼鏡來看人？

要知道自己有沒有戴着有色眼鏡，就嘗試站在對方的立場思考吧！

是我們先入為主嗎？

我是嘟嚕嘟嚕星球的嘰嘰咔咔。

你要去地球嗎？

我想和地球上的小孩做朋友。

你肯定不知道地球小孩有多可怕。

嘰嘰咔咔

我準備好出發了。

我是新來的插班生阿爾法。

地球小孩很重視外貌，所以我變身成暖男的樣子。

好高啊！

他個子很高，看起來有點遲鈍。

你的名字很新潮！你來自外國嗎？

阿爾法，你喜歡學習嗎？

他看起來不像是學業優秀呢！

嘻嘻

呃……

一般般吧。

智商1,580

我早就知道。

嘟嚕嘟嚕星球的平均智力水平。

體育課。

阿爾法是籃球高手吧！

緊張

期待

好想讓他看到我打得好的樣子。

其實……是你自己無端期待又無端失望而已。

他完全不會打，好失望啊！

我沒說過我打得好。

餐廳裏。

看吧，阿爾法肯定吃很多東西。

你怎樣知道？

因為他又高又壯。

請再給我多點飯……

其實，我吃兩顆藥丸就足夠了。

考試期間。

今天進行數學考試，開始！

阿爾法睡着了，好像要放棄作答。

肯定是了，他像是讀不好書的樣子。

智商超高的阿爾法只需要五秒就答完。

阿爾法好像很善良。

他總是很樂意聆聽別人說話。

阿爾法，你聽我說……

我聽着。

所以老師一直這樣對我……

你明白我的心情嗎？

不是很明白。

太過分了！我以為你一定會明白我的心情！

我怎麼一定會理解你的心情？

啪

太失望了！

放學後。

阿爾法因為遲鈍，連走路都特別慢。

我們先走啦！

對阿爾法徹底失望啊！

慢吞吞

喂！

時速400公里的腿。

咻咻咻

嘣

嘰嘰咔咔你在地球順利嗎？

我……我想回去我們的星球。

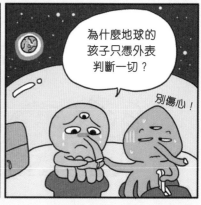

為什麼地球的孩子只憑外表判斷一切？

別傷心！

61

神犬奇俠有話兒

阿爾法的交友之路並不容易，本來想跟地球的孩子交朋友，沒想到卻讓自己傷心難過。為什麼會這樣呢？下面有兩位朋友，只看外貌的話，你覺得他們分別會是什麼性格？把你的想法寫下來吧。

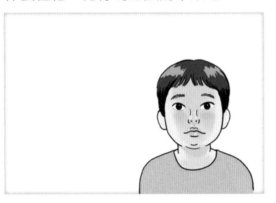

但是，這兩位朋友的性格，真的跟我們想的一樣嗎？我們真的可以單憑外貌，判斷一個人的性格嗎？

你到現在還因為我的樣貌而認為我很頑皮？

呃……

插班生阿爾法一來到學校就認識了很多同學。但是，還沒來得及慢慢交流，同學就按照自己的想法來評論阿爾法。阿爾法聽到這些議論，心裏會有什麼感受？

同學們的話我全都聽到……

他看起來不像是學業優秀呢！

他看起來很善良！

他應該很會打籃球。

他食量一定很大！

（聽力優秀的）阿爾法

他長得這麼高大，還以為他很能吃！

通常這種長相的孩子都很善良。

我只是看到什麼就說什麼而已……

你們怎麼只憑我的外表就下判斷？地球人都是這樣的嗎？

我們經常會單憑外表長相來判斷一個人，這樣往往很容易造成錯誤，有時候還會傷害到別人，我們自己也可能會因為別人的錯誤判斷而受傷。

你試過像阿爾法一樣，在未獲了解下被人指指點點嗎？將你的經歷，還有當時的心情寫下來，或者畫出來。

我的人生劇場

那時候我的心情是……

全面了解一個人是非常重要的，因為如果單憑自己的想法隨便下判斷，很容易會引發大誤會。那麼，我們應該怎樣思考和下判斷呢？我們一起來想想吧！

和插班生很難溝通啊

呵呵，今天要上新學校了。

我們班來了一位插班生。

嘩！

他學習和運動都很優秀。

我要跟他做好朋友。

你以前是在哪裏生活？

我從水頭村來的。

那是哪裏啊？

水頭村？

你聽過嗎？

沒有啊，第一次聽呢！

在地圖上找找吧！

你喜歡Mirror嗎？

Mirror是什麼？

男子音樂組合啊。

連這個都不知道？

注意：他很多事情都不知道。

妖怪手錶是什麼啊？

可以解釋一下嗎？

唉！

跟中基對話好難啊。

我的意思是……

你什麼都不知道啊！

那麼你聽過Minecraft嗎？

Minecraft？可以吃的嗎？

Minecraft是現今流行的電子遊戲。

我跟你真的無法溝通！

晚上。

中基上網搜索中。

YouTube

搜索 Minecraft

嘩嘩嘩

翌日。

早晨……

你昨天有看Mirror的綜藝節目嗎?

她們在說什麼?

有啊,很好看,呵呵呵!

中基陷入迷茫。

跟同學的距離自然而然拉開了。

嘩,真有趣!

但是,當占美遇上中基時……

中基,你是從水頭村來的嗎?那你有沒有去過祠堂?

當然有去過。

真的嗎?我很想去看看。

因為我住在鄉村嘛。

這很了不起嗎?

噢,厲害!

哎呀!有蜜蜂!

我被蜜蜂螫了!好痛!

我在網上看過急救方法!

糟糕了!

我們該怎樣做?

我馬上搜索看看!

等等。

平 靜 祥和

是菩……菩薩啊!

幸好蜂針沒有留在皮膚裏，應該只是小蜜蜂而已。

沒事的。

沉穩

用冷水沖沖。

去醫療室處理一下吧！

嘩！中基好棒啊！

他很厲害！

呵呵！

翌日。

中基，我們一起拍YouTube吧！

《鄉村孩子TV》

網絡頻道計劃書

中基的鄉村情報

哦？我來拍YouTube？

神犬奇俠有話兒

中基YouTube大挑戰

中基是大自然的孩子，好帥氣！

　　中基既不玩電子遊戲，也不留意明星，不知道的事情有很多。即使他想跟同學變得親近，也找不到共同話題。雖然新學校的同學一開始對中基都十分關心，但是因為無法與他溝通，就漸漸疏遠他。可是，經歷了蜜蜂事件之後，大家對中基有了全新的認識。

今天會向大家介紹鄉村常見的昆蟲。

還會講解外國的昆蟲！

中基

占美

中基&占美TV

沒想到中基會成為人氣王。

早該跟他親近起來。

看着YouTube覺得很後悔的朋友們

學校裏，真的什麼樣的同學都會有。雖然大部分同學都能友好地相處，但是總有一些同學會因為別人的住處、性別、外表等等，而認為「我跟他無法溝通」、「我不想跟他接觸」。這種輕率的想法會造成偏見，如果帶着偏見，我們就發現不了同學真實的一面。

什麼是偏見？
指不公平，單方面判斷的想法。

什麼？你不喜歡Mirror？我們無法溝通了。

他太瘦了，運動一定很差。

那個男生看起來很可怕，我還是不要跟他說話。

他們為什麼看着我嘀咕？肯定是在說我壞話！

有時，偏見會在不自知的情況下產生。如果因為自己的魯莽判斷而失去認識朋友的機會，是不是很可惜呢？一起來看看，你是否帶着偏見來看人吧！

小提示

有色眼鏡檢查站

因為這副有色眼鏡，我看不清楚現實的情況。

材質：與外貌、傳聞、誤會、喜好等等有關的偏見。

- 我的想法正確嗎？有沒有判斷錯誤？ 重新思考固有的想法。
- 向值得信任的人請教意見。 需要客觀的眼光審視自己的見解。
- 嘗試站在對方的角度思考。 我也不喜歡別人戴着有色眼鏡來看我。

丟掉有色眼鏡，就是重新審視朋友的開始。

1 福壽以為麗萊在說她壞話。
福壽……貼紙……
又說我壞話？
不喜歡Mirror的麗萊

我要搜尋確鑿的證據，把麗萊逮個正着。
錄音中

原來是這樣……
雖然我不喜歡Mirror……
但是福壽自製的Mirror貼紙很漂亮！
沒錯，很精美哦！
原來麗萊在稱讚我。

2 中基碰到兇巴巴的學長。
學長，你好！
學長很兇惡似的。
偏見
嗨。

翌日。
哎……又是那個兇巴巴的學長……
我不上前打招呼，他一定會教訓我。

你…你好！學長在幹嗎？
我在賞花。看，多美麗！

想不到學長喜歡賞花。
摘下有色眼鏡，中基看到學長真實的一面。

我為什麼討厭他？

我不喜歡他！

今天是新學年第一天上學，我一定要跟同學好好相處。

萬哲好搞笑啊，簡直就是綜藝王！
萬哲大王駕到！

誰想和我一起踢足球？
我 我 我
我 我

同學都很喜歡萬哲呢！
我去年也跟他一樣受歡迎……

幾天後。
我們班的班長是……
獲得最高票數的萬哲！
萬哲 正正正正正
玉棟 正

萬哲竟然這麼受歡迎？我卻只有五票？
怎麼可能？

副班長，我們一起努力吧！

你不要太囂張！

喂！

我剛剛為什麼會動手打他？
第一次看到他這樣呢！
這真是我的手嗎？好丟臉啊！

你在羨慕本皇嗎？

我覺得自己很沒用。
不夠萬哲厲害……
萬哲！
好棒！

同學，去踢足球吧！

好啊！

嘿！

噔　噔

嘩！快看玉棟！

他在玩無人機！

我要去看！

嘩

好有型！

玉棟，我們一起玩吧！

好棒啊！

什麼？我們明明玩得好好的……

憤怒

午餐時間。

哼，他的桌子為什麼靠這麼近？

走開！

↑
玉棟的座位

啪

5,000元

噢！闖禍了！

我的無人機啊！是姐姐的呢！

我只是推了一下桌子而已。

你們也有過跟萬哲或玉棟一樣的經歷嗎？

不過是因為跟同學關係好才當上班長，有什麼值得炫耀？

VS

玉棟用無人機吸引同學注意，真的讓人又羨慕又生氣。

無人機消失就好了！

玉棟的心路歷程

嫉妒萬哲。

萬哲憑什麼如此受歡迎？

萬哲大王駕到！

哼，萬哲有什麼了不起？

副班長，我們一起努力吧！

要説説萬哲壞話才行。

萬哲太自大了吧？

不是啊！

他只是搞笑而已。

我為什麼討厭他？

難道……我討厭他嗎？

怎麼辦呢？我不想成為妒忌鬼啊！

一邊羨慕某人，但又一邊討厭他，這種心情稱之為妒忌。一旦產生妒忌，我們就會做出一些平時不會做的行為，就像玉棟和萬哲一樣。

很羨慕她又漂亮又高大。

很羨慕他運動好。

很羨慕她豁達開朗，又受人歡迎。

妒忌是在跟別人比較時產生的情感。因為我們不是獨自生活，而是跟各種各樣的人一起生活，所以很自然就會和他人比較，並嫉妒他人。但是各位有想過自己有什麼優點嗎？

如果不能珍視自己的優點，總是只顧着別人，就會一直只想着怎麼成為別人。

我想像獵豹一樣跑得快。

你們有各自的長處啊！

我想像老鷹一樣在天上飛。

反復思考……

我有什麼優點？

與其糾結「我為什麼這麼沒用？我為什麼做不好？」不如學會思考「我雖然不擅長結交朋友，但是我喜歡讀書，所以一定會找到跟我有共同興趣的朋友。」朋友們，希望你們的心胸會變得越來越寬廣！

妒忌時用的提示法寶卡

「妒忌是令自己變好」卡

玉棟很親切！

我來幫你。

我也要成為有禮貌的男孩！

「承認現實」卡

請問可以借來玩一下嗎？

我就是沒有無人機。

「不為跟別人比較而浪費心機」卡

處之泰然派

看到同學玩得開心，我心情就好！

是男還是女？

占美和中基一起拍YouTube後，變得很親近。

轉校過來一個月了。

某天，他們正在討論影片拍攝主題。

韓式汗蒸幕怎麼樣？我一次都沒去過，感覺會很有趣。

汗蒸幕？

我們一起去吧？

汗蒸幕？好啊，一起去！

跟同學説了這件事之後……

什麼？你跟占美約好一起去汗蒸幕？

嗯，怎麼了？

占美是女生啊！

你轉校過來一個月了，還不知道嗎？

什麼？

以為你早知道呢。

占美肯定覺得你是變態。

不可能的！不會是這樣的！

占美喜歡玩遊戲機，而且一說到蜘蛛就很興奮……

連足球都踢得比我好……還有，我一次都沒見過占美穿裙子！

我甚至覺得占美長得很帥！

真帥氣！

當天晚上。

我為什麼會一直認為占美是男孩呢？

我還讓她看了我屁股上的痣！

中基整晚也睡不着。

翌日，學校裏。

下課之後我們再討論一下怎麼介紹汗蒸幕吧！

哦……

嗯……

怎麼辦？好尷尬啊！

但表現出來的話，占美一定覺得很唐突！

就這樣，中基一整天都特別留意占美的一舉一動。

跟蹤狂？

觀察中

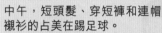

中午，短頭髮、穿短褲和連帽襯衫的占美在踢足球。

嘭

占美喜歡和同學討論藝人。

漂亮吧？

好漂亮啊！

占美還有細心的一面。

中基陷入混亂。

哎呀

好混亂啊！

啪啪

你在苦惱什麼？你因占美是女生而討厭她嗎？

不是啊！

呃……我居然一直理所當然地認為占美是男生……

知道占美是女生後，我對她的想法完全不同了。

我有時覺得她還是很像男生，但有時又覺得她挺像女生。

其實，我連自己為什麼會這麼苦惱都不知道……

呃……

中基因此一直避開占美。

中基的混亂能好好化解嗎？

73

神犬奇俠有話兒

　　我們看到一個人的外貌或性格時，經常會說「她像個男生一樣」或「他像個女生一樣」。明明有很多男生留長頭髮，也有很多女生剪短頭髮，所以我們這樣形容真的恰當嗎？再以職業為例，一些受性別定型影響的工種，如：化妝師、服裝設計師，其實也有男生從事，而職業遊戲選手、特種兵部隊也不乏女生。

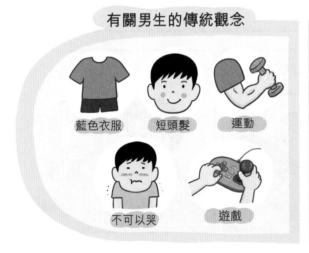

有關男生的傳統觀念

藍色衣服　短頭髮　運動
不可以哭　遊戲

有關女生的傳統觀念

粉紅色衣服　長頭髮　可愛漂亮的東西
喜歡哭　聊天

　　以前很多人認為，男生就要活得像個男生，女生就要活得像個女生。這種想法在現今世代越來越少見，我們的社會逐漸尊重每個人的個性和能力。但是，這些固有觀念在過去很長時間裏，一直被人們堅信，所以到目前為止還是會影響我們的想法，就如以下這些事情：

優雅善良的公主

放馬過來！

勇敢威武的王子

跟着我吧！

有些人一看見別人的行為跟一般認知不同，就會嘲笑別人，這樣的行為真是無知！

女孩模仿戰士，好像有點格格不入……

哈哈，我女兒好強壯啊！

我兒子很沉穩呢！

男生應該要活潑一點才好……

要是因為「我是女生」或「我是男生」，而放棄某些想要的東西，那麼我們或會遇上以下難為的情境：

「要活得像個男生」或「要活得像個女生」不過是我們的固有觀念而已，比這個更重要的是「做自己」！真正構成「我」的要素是我讀過的書、我喜歡的事物、我學過的東西，還有我的想法。

「我」是一個怎樣的人？嘗試多了解你自己吧！還有，我們要成為尊重每個人獨特個性的好孩子。

少男少女大不同

常識課。今天我們做分組習作。

尋找區內的景點

區內有什麼景點？

不知道啊，我只知道現在時間十點。

哈哈

又開無聊的玩笑。

學校旁邊的小食店算嗎？

那算什麼？

那是景點啊！

那裏的魚蛋很好吃！

你看不起小食店嗎？

說得對，在我們學校，沒有人不知道「好味小食店」，它肯定是名勝！

你真是個天才！

現在才知道嗎？嘻嘻！

吃……

不行，這太隨意了。

我再想想。

那麼……

嗯……

專注

那就寫我們區內的餃子店吧！那裏非常有名！

喂！

難道你只想到吃的東西嗎？

那是很出名的餐廳啊！

總之餐廳不行！

太沒誠意了！

你看輕我們嗎？

算了，還是讓我們來吧！

你們安靜坐着就好！

一點都幫不上忙。

什麼？

只讓我們坐着，當我們是麻包袋嗎？

我是麻包袋。

你千萬不要跟我說話。

喂！

萬哲和基南覺得非常受傷。

我們寫下生態公園了。

今個星期日一起去，好不好？

我那天沒空，有家庭聚會。

我也是。

星期六呢？

你們自己去就好了。

是小組習作啊，一定要一起去。

反正地方由你們自己決定。

你不是讓我不要說話嗎？

明明不是這樣！

算了，你自己看着辦。

我要爆發了！

翌日。

嗶嗶嗶

聽說你欺負秀智了？

我哪有？

小組習作，你說讓她自己看着辦，不是嗎？

我不是那個意思。

委屈

小組習作一定要一起做啊！

為什麼只顧你自己的想法？

只顧着開玩笑。

我就是這樣，怎麼了？

明明是她先對我無禮！

憤怒

他冤枉我！

秀智，你怎麼哭了？

嗚嗚嗚

都怪萬哲！

是她們先欺負我。

我們什麼時候欺負你？

該拿你們這些少男少女怎麼辦？

神犬奇俠有話兒

是否覺得上頁的情況很熟悉呢？這種事情大部分都是突然發生，本來相安無事，卻忽然因為幾句說話就變得很傷心，甚至吵起來了。

萬哲因為秀智無視他，而感到失落和生氣，所以說出了「你們自己看着辦」這種賭氣的話，又一下子被多人同時指責，就更委屈和氣憤了。

> 女生太敏感了，怎麼突然哭了？我很委屈。

秀智因為萬哲一直開玩笑而感到鬱悶，心情已經不好了，所以直接說由她們女生自己來。而萬哲竟然還反過來生氣，秀智一時被嚇到，就哭起來。

> 跟男生真的無法溝通，他們只會開玩笑！

男生和女生很多時候對事情的感受和行動都不一樣，如果不努力嘗試了解對方的想法，就會經常發生爭執。要是能互相明白對方的差異，就能更好地理解對方的立場。

少男心事

男生不擅長用言語表達自己的想法和心情。

> 你是這麼認為，不是嗎？
>
> 哦……
>
> 不是那樣的。

男生討厭被無視。

> 你以為我是沒用的麻包袋嗎？
>
> 哼！

男生不是很擅長察覺別人的喜怒。

> 你現在是嘲笑我的眼睛小嗎？
>
> 你的眼睛越來越細，都看不見眼珠了，嘻嘻！

少女心事

每當出現問題時，女生傾向通過對話來解決。

> 我們談一下吧！
>
> 不要。

女生害怕粗暴或強勢的言語和行為。

> 你太兇了！

對女生來說，互相合作非常重要。

> 你自己看着辦。

秀智的「細胞世界」

眼細胞：萬哲又在開玩笑了！

感性細胞：又來？太討厭了！

煩躁細胞：要說一句狠話才行，「言語大炮」準備！

友情細胞：這樣又要吵架了……

理解心細胞：男生本來就是喜歡說笑。不要生氣，溫和地說話吧！

不管了！直接發射「言語大炮」。

不行，使用「言語大炮」不是好方法。

萬哲的「細胞世界」

耳細胞：剛剛聽到嗎？她讓我們不要出聲！

自尊心細胞：她看不起我們嗎？

刻薄細胞：以同樣的方式還擊吧！以後秀智說什麼，我們都無視。

理性細胞：其實是我們先開玩笑嘛！

自尊心細胞：我們只是開玩笑而已，但她現在無視我們！

同理心細胞、友情細胞：站在秀智的立場想一想吧！

雖然不能一概而論，但是我們應該尊重異性和自己不同的地方。明白這一點後，再重新想一想自己跟異性相處時的行為，就可以減少很多誤會。

 我確實有開玩笑，原來這會讓女生不高興。

我確實對男生發了脾氣，說話語氣太重了。

只要我們先反省自己的行為，不久後對方說不定也會來跟自己道歉的。能這樣想的話，不覺得更帥氣嗎？

後續故事

區內有什麼景點？

我只知道現在時間十點。

喂，請認真點。

有好的地方就告訴我吧！

你們有想到什麼地方嗎？

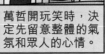

萬哲開玩笑時，決定先留意整體的氣氛和眾人的心情。

我們區內有一間非常有名的餃子店，就寫它吧！

難道你只想到吃的東西嗎？

冷靜，把話再好好說一遍。

哈哈，不如再想想其他地方。

秀智決定花多點耐性和萬哲討論。

79

我的獨特興趣

崔秀彬（男，12歲）

我有一個所有朋友都不知道的秘密。

今天聽什麼歌好呢？

歌曲列表

The Sound of Silence

Vincent

You've Got a Friend

Yellow Bird

很動聽！

秀彬！

哥哥

咦？

你又在聽民謠？

這是我的興趣，別管我！

原來秀彬害怕被人發現自己喜歡聽民謠。

他們一定覺得民謠很老土。

又是悲傷的記憶……

一年前。

你在聽什麼歌？

哇，這不是民謠嗎？你真像老爺爺！

這不是大叔才聽的歌嗎？

秀彬的興趣好老舊啊！

自此之後，秀彬的綽號變成了「崔大叔」。

總覺得他像個大叔。

唉……

那段時間，他一直被取笑。

以後再也不能被發現喜歡聽民謠！

在學校。

你看這條影片。

人氣男

我最喜愛的偶像組合要開演唱會了。

真的嗎？我也很喜歡他們。

他們的歌好好聽。

其實一點也不喜歡他們！

你聽過了嗎？這次的新歌很動聽。

你喜歡他們哪一首歌？

你在這裏選一首吧！

嗯？

一首也沒聽過。

在家裏。

咦？你居然在聽流行曲？

要看這些跟朋友才有話題。

好好聽一聽，擺脫大叔的形象吧！

我不是大叔呢！

贊成！

要不要直接告訴基南我喜歡聽民謠呢？

反對！

只要你坦誠相告，基南會理解的。

不行，他肯定會笑你。你還想別人叫你「崔大叔」嗎？

啊！

怎麼辦？

幾天後。

民謠歌王

嘩，這位小學生唱得很好。

民謠真的很動聽！

這裏表演的學生全部都很會唱民謠啊！

最近民謠又流行起來了。

流行

所以說，有孩子和我一樣喜歡民謠嗎？

翌日，在學校。

你有看《民謠歌王》嗎？

那是我媽媽最愛看的節目。

你有看嗎？節目上的學生都唱得好好。

當然有看，我很喜歡他們唱的歌。

你指那首歌？

所有歌都喜歡。

真的嗎？你很熟悉民謠嗎？

沒錯！

那你早就聽過節目上的民謠？

幾乎全部都聽過。

嘩，好厲害！

你從哪時開始喜歡民謠？

從小就喜歡了。

就這樣，秀彬向基南盡情談論自己喜歡的民謠。

以前我嬷嬷……

知音相遇了！

偶像組合歌迷

民謠歌迷

神犬奇俠有話兒

秀彬喜歡聽民謠，同學喜歡看偶像組合唱跳，他們的音樂喜好確實不同。但是，為什麼秀彬要特意去聽自己一點都不喜歡的偶像組合的音樂呢？我們來看看以下情況，思考背後的原因吧！

喜歡聽民謠沒有任何問題啊！

如果去年我班的同學也像你這麼說就好了。

面對養蜘蛛的萬哲

呃……好噁心。

我覺得很可愛啊！

面對愛收集地圖的福壽

姐姐到底為什麼喜歡收集地圖？

你管我……

面對喜歡編織的珍妮

這是我自己織的圍巾，好看嗎？

嗯……好老土。

雖然我們不是故意看不起別人，但是以上就着自己無法產生共鳴的興趣而作出的回應，很可能會傷害到他人，或者讓他們感到被歧視。秀彬也因為這樣，才沒辦法坦白說出自己喜歡聽民謠。

請相信，擁有獨特的興趣是非常好的事情，這有助構成我們的個性。有時候，我們還會因而在某個領域知道得比別人多，而顯得有魅力呢！

我們尊重其他人喜好的同時，也不應該為自己某些特別的愛好而感到丟臉。不管是什麼，只要是自己喜歡的事情，就全心全意地做吧。最重要的是，享受當中的過程！

後續故事

秀彬和同學組成了民謠組合，參加才藝比賽。

民謠少年團

到底哪一組會贏？

每一組都很出色！

才藝比賽第二名……

Mr. Chu!

是壓軸登場的女子組合！

結果，秀彬的組合得了第一名！

冠軍是民謠少年團！

恭喜！

從此，秀彬的綽號變成了「民謠神童」。

第四章
外貌長相

我想成為又好看又受歡迎的人。

如果我擁有一把亮麗的長髮，是不是就會變得漂亮？

與其隨波逐流，不如發掘自己獨有的個性吧！

化妝就能變美嗎？

心動嗎？

今天是美好的一天。

姓名：世娜
年齡：13歲
專長：化妝

課室裏。

早安！

好漂亮！

很耀眼！

睫毛膏
睫毛變得濃密纖長。

隱形眼鏡
眼睛變得炯炯有神。

底妝
皮膚變得雪白無瑕。

唇彩
嘴唇變得紅潤鮮明。

平凡的六年級學生

我來了。

世娜，你化妝很厲害啊！

世娜最漂亮了。

你用了什麼化妝品？

要試試看嗎？

只塗唇彩也會很漂亮。

智淑，一定會很漂亮。

我一次都沒化過妝呢！

試試吧！

哎呀！

緊張

全新的智淑登場！

這真是我的臉蛋嗎？

噠

太棒了！

好像變了另個人呢！

好吵啊！

女生們怎麼了？

我新買的唇彩好看嗎？

你要試試嗎？

好看！

我也要試。

好適合你。

我也要試。

同學，老師來了，快坐好。

班長！

你說誰最漂亮？

全都一樣樣！

神犬奇俠有話兒

六年級的世娜和她的同學對化妝很感興趣。她們還是孩子，到底為什麼會化妝？

化妝的理由

① 把臉上的瑕疵掩蓋起來。
- 我不想讓人看到我的痘痘。
- 我想皮膚看起來白一點。

② 不化妝的話會被排斥。
- 你們背着我建立聊天羣組？
- 因為你不化妝啊！

③ 想看起來更漂亮。
- 你素顏時最漂亮。
- 只有爸爸你這麼覺得。

④ 為了提升自信。
- 我還未化妝，不來了。
- 其實你化妝和素顏沒有很大分別。

化過妝的面容乍一看都差不多，但實際上，每個人的長相都不同，即使化了一樣的妝，也不會一模一樣。

大眼珠　潤澤皮膚
- 咦？都長一樣啊！
- 再多塗一點，就會比她更漂亮嗎？

回想電視裏的明星，似乎都是因為各自有自己的個性，才顯得漂亮。

- 嘩，女神降臨，太漂亮了！
- 像她這樣化妝，我就會變成她這樣嗎？
- 不會呢，你們的五官都不同。

明星保持美貌的心得

- 多喝水。
- 只在真正有需要時，才用化妝品。
- 比起化妝，要更注重卸妝。
- 盡量不吃快餐食品。還要努力保持好的儀態。

但是，明星漂亮的原因不只在於化妝。

洗臉也是保養皮膚非常重要的一環。

為了維持健康的身體和皮膚，很多人都付出了很多心機。化妝是快速變美的方法，但怎麼都比不上自然散發的美麗氣質。

我認為有個性的人最吸引。

當然，化妝確實可以在某程度上使人變得漂亮。但是，要變漂亮不能只靠這種表面的方法。大家要好好想一想，怎樣的人才是真正健康美麗？

我的漂亮之路

快速變美之路 vs 漫長變美之路

只需十分鐘！

化妝

均衡飲食。

每天跑步半小時。

早睡早起。

改變生活習慣

幫助你變美的想法

①自己眼裏的缺點，説不定在別人眼中是優點。

- 我要不要割雙眼皮呢？
- 最近單眼皮更受歡迎，你不知道嗎？
- 單眼皮更好看。

②不要朋友説什麼就跟着做什麼。

- 這些用品適合我的膚質嗎？
- 成分包括甘油、二丙烯、白蛋白……

✿ 仔細研究化妝品成分。

③有自信的人才是真正美麗的人。

- 你長得很漂亮，真棒！

努力變美之餘，也多多讚美自己吧！

我真好看！

如果我能變漂亮就好了

值日生
福壽、光娜

今天這麼多垃圾要清理。

唉……沒有人能幫忙嗎？

垃圾桶

哲秀，幫我拿這個吧！

不要。

就幫幫忙嘛！

！！

我說不要！

我們真的拿不動啊！

可以幫忙嗎？

沒問題！

喂！

福壽跟同學說了這件事。

看來哲秀喜歡光娜呢！

不是呢，男生都很聽光娜的話。

那當然啦，因為光娜長得漂亮。

哼……

幾天前，還發生了這樣的事……

又作弄我！

福壽的頭上有朵花。

是我放的。

回家路上。

光娜，再見。

再見啦，光娜。

我呢？

只跟光娜說再見……

是因為光娜漂亮才這樣嗎？

其實我也長得不差啊！

↑鏡子

翌日。

鄰班的光娜很漂亮啊！

同意！

但是，每天跟她一起的那個人是誰？

她只是光娜旁邊的一隻小怪物！

小怪物？是說我嗎？

我不是小怪物。

福壽被這些話深深傷害了。

從此，福壽非常注重外貌。

這件不好看……

怪物

一小時後。

嗯，不錯。

顯瘦的牛仔褲

髮型也要弄一弄。

怎麼吹都不好看！

吹直髮

福壽，你為什麼戴帽子？

吃完早餐才走吧！

我不吃！都是爸爸的錯！

別煩我！

怎麼了？

學校裏。

今天怎麼戴帽子了？

頭髮吹得不好……

要嘗試留長髮嗎？

等待幾個月，你就會擁有長長的秀髮。

真的嗎？

福壽留長頭髮，一定很漂亮。

謝謝。

我也想留長頭髮，像光娜一樣好看。

還想買唇彩！

六個月後。

跟光娜差不多的髮型？

呃……是因為穿衣風格不一樣才這樣嗎？

嘗試穿跟光娜一樣的衣服。

你是誰啊？

我怎麼樣？

福壽並沒有變成光娜。

我是你們的女兒……

那天晚上。

如何才能變美？

Google ◀ 搜索

提問：
單眼皮、圓臉、小眼睛的化妝方法……

我一定要擺脫怪物形象！

福壽仍在努力尋找變美的方法。

神犬奇俠有話兒

相信很多小朋友曾經有過福壽的苦惱。有時，我們會羨慕長得漂亮的同學，很想模仿他們，並尋找能變得和他們一樣漂亮的方法。福壽相信，只要照着光娜那樣改變自己的形象，就一定會變得漂亮。很可惜，經過一番折騰，她發現實際與想像完全不同。

福壽，你也很可愛。

謝謝你，但是我一點都不覺得安慰。

福壽的「細胞活動」

時尚細胞　風格細胞

左邊的漫畫表達了福壽內心的想法。福壽想努力變得
和光娜一樣漂亮，但結果讓她很失望。

自信心細胞

如果一直盲目模仿別人，什麼時候才到盡頭呢？
即使樣貌變得再美，身材變得再苗條，
都還是會覺得不夠。

世界上總會有人比你更漂亮。

直白細胞，你
不要再說了，
快阻止他！

直白細胞

想變美的話，
就要減肥和化妝？

如果一直模仿別人，就很難找到自己真正的魅力。
變美固然是好，但是自信、有個性的人更帥氣，
你同意嗎？

時尚細胞

其實有很多人因為獨特的
個性而獲得人氣，他們都
找到了屬於自己的風格，
不執着與別人比較。

個性細胞

最近，越來越多人不靠外貌，而靠個人特有的魅力而獲得人氣。他們都有一些
共通點，就是非常相信自己的個性，做任何事都充滿自信。各位小朋友，好好尋找
一下自己的個性吧！

後續故事

福壽把留長了的
頭髮剪成更適合
自己的短髮。

自信心
爆棚

微鬈的
頭髮也很
可愛。

個性細胞

我和光娜有
各自的魅力。

以後再也不會羨慕
光娜了。

一段時間之後……

福壽最近變
漂亮了嗎？

沒有吧，還是
以前的樣子。

不是啊，總覺得她
變得更自然，
而且更有自信！

福壽很有魅力啊！

2022年10月20日
同學們看到我，
都說我很有個
性。我很喜歡
現時的自己啊！

福壽的日記

我想長得很高很高

福壽想要長高的故事

新年，福壽去了鄉下探望家人。

小美表妹→

小美個子很高啊！

應該還會再長高的。

因為他爸爸也長得很高。

到底福壽什麼時候才長高？

叔叔

福壽一直沒怎麼長高……

要叫小美「表姐」才行了，哈哈！

不要再說了！

嘻嘻嘻……小美比你高很多。

覺得委屈就多吃點，快高長大吧！

誰個子高，誰就是姐姐。

→姑婆

我的人生完了！

連姑婆也這樣對我……

當晚，福壽心靈受創。

？

福壽吃多些！

福壽起勁進食飯菜。

她的胃是黑洞嗎？

我要吃多點，快點長高！

她的食量驚人！

然後……

消化不良。

吃太多了……

為什麼我胃口這麼小？長得矮真的很傷心！

從明天開始，要努力多吃兩倍分量。

托里想要長高的故事

上學路上。

踏踏 踏踏

托里

哎呀！

你不要踢我！

嘻嘻！

有本事踢我啊！

我不怕你……

你踢不到我呢！

小豆丁！多喝點奶再來吧！

我要教訓你！

哎呀！

差點出意外了……

我長得矮就好欺負嗎？

翌日。

好棒！

是最新款的手機。

喂！

還給我！

還給我啊！

有本事就自己拿！

他的手不夠長。

托里好矮啊……

回家後，托里把發生的事情告訴媽媽。

我好傷心。

天啊！

所以，媽媽……

所以，媽媽經常跟你說，不要偏食啊！

！

就這樣，托里和媽媽吵了起來。

神犬奇俠有話兒

在發育階段，小朋友一定要注意健康和均衡飲食。不過，每個人生長的速度都不同，至少要觀察到20歲才能知道誰長得高。我們明白，有不少小朋友因為長得不高而感到苦惱。就如福壽，她因為個子矮而被家人開玩笑；而托里也因為長得矮而遭格雷特欺負。其實身高真的這麼重要嗎？

如果長得高是這般重要，那是不是所有國家的總統、大公司的總裁、學校的班長等等都應該只由個子高的人來擔任？事實上，能夠成為領導的人，並不是因為他們的身材特別高大，而是因為他們在各方面有出眾的能力。這些能力包括懂得關懷別人的心、戰勝困難的勇氣、解決難題的智慧等等。

無可否認，身形高大在某些情況佔了優勢，比如籃球選手、模特兒確實是個子高比較理想。不過，除了上述情況，還有很多特質比身高重要得多，我們一起看看以下的例子。

追求知識的心

優秀的運動神經

友善待人的態度

良好的親和力

高效率的學習能力

對付被捉弄的方法

①不動氣，無視他。

你這麼矮，都看不見你了，嘿嘿！

聽到嗎？

嘩，很想去這裏玩！

真沒趣。

②找出對方的錯處，加以指正。

誰長得高，誰就是姐姐嗎？

大伯個子比爸爸矮，但是因為他心胸廣闊，所以更像哥哥。

叔叔，不是嗎？

我說說笑而已。

為什麼要拿我說笑？

③堂堂正正承認事實。

你太矮了，連我的肩膀都不到。

對啊，我長得矮，那又如何？

堂堂正正

沒什麼……說說而已。

真幼稚，哈哈！

每次有人拿別人的外貌或身高來開玩笑時，我都會覺得很遺憾，心想：「你們怎麼會有這麼無禮的想法呢？」我猜想，這些人肯定會有一天因為自己的行為而感到羞恥。

你會再取笑人嗎？

不敢了。

不久之後……

格雷特數學考試只得20分。

100分　20分

完蛋了！

要我教你嗎？

好啊！

你聽着。

自信心滿滿

格雷特覺得托里越來越帥氣。

第五章
生活習慣

建立良好習慣，為未來進發。

要如何才能找到
自己的夢想？

平時多多留意
自己做什麼事情
最開心吧！

遇到挫折，怎麼辦？

靜慧和家人一起去溜冰場。

來捉我啊！

另一邊廂……

僵硬

咦？

腳完全動不了！

姐姐怎麼了？你以前很厲害的。

我總是害怕摔倒。

大概是因為去年那件事……

嘩，是冰面啊！

家門前。

啊！

把褲子摔破了，在朋友面前非常丟臉。

難道姐姐摔傻了？

這種事竟然發生在我女兒身上！

不是！

我也想成為溜冰高手……

但我好害怕！

一定很好玩。

撲通

哎喲！

你不是很擅長溜冰嗎？

？

唉……
我現在變成了溜冰白癡。

是想幫我嗎？

姐姐，站起來再滑一次。

還以為是帥氣的男生。

我不滑了，會再摔倒。

你以前不是說，就算摔倒了也很好玩嗎？

要是再摔破褲子就慘了，很多人看着呢。

！

如果可以像玉棟滑得那麼好，一次都不會摔倒就好了。

你不能放開我……

啪

啊！

哇，玉棟！

幸好你在。

姐姐……

對不起。

很痛吧？

你可以減減肥嗎？

101

靜慧從溜冰場回來。

悶悶不樂

靜慧啊，留……

我再也不溜冰了。

我只是想說，留了水果給你。

姐姐，劉……

我說了不溜冰了。

我想告訴你，劉同學打電話來找你……

媽媽一直觀察靜慧的反應。

你現在討厭溜冰了嗎？

不是。

我只是害怕摔倒。

所以是喜歡溜冰，但又怕摔倒。

這有點可惜，但也能理解。

那麼你就乾脆永遠放棄溜冰吧！

靜慧聽了媽媽的話，大受衝擊。

我要再試一次。

我不想永遠放棄溜冰。

翌日。

靜慧只過來旁觀。

兩日後。

好像很好玩……

哇！

時間就這樣過去了。

但恐懼沒有消失。

某一天。

踏

讚！

好棒！

靜慧無意中邁出了一步。

神犬奇俠有話兒

以前，靜慧真的很喜歡溜冰，但是摔過一次之後，哪怕只是站在冰面上，都非常害怕。你們一定也有過跟靜慧相似的經歷吧？

遇到惡狗的萬哲

依然非常害怕狗的萬哲

我還是很害怕狗，但一定要克服。

我不可愛嗎？

當再遇到和之前相似的可怕情況時，每個人的應對方法都不同。有些人會忍耐着，再試一次。

數學測驗不及格的福壽

數學考試考砸了。

一看到數學就頭痛。

逃避數學的福壽

我放棄數學了。但上到中學，還是要唸數學啊。

福壽，你留下來，我和你複習。

有的人會直接逃避或放棄。

因走音而丟臉的格雷特

他是走音王！

飆高音

為什麼天天躲在洗手間唱歌？

和朋友產生矛盾的格雷特

我不想去K房。

今天是我的生日。

我想唱歌！

K房：卡啦OK房。

有些人為了隱藏恐懼而發脾氣，但是這樣不能解決問題。

不管是什麼事情，要做好，都是需要時間。而且過程中肯定會經歷各種事情——有好的事，也有不好的事。無論遇到什麼難關，如果能跟自己說「克服困難之後，我會變得更強大」就好了。

姐姐，你要永遠成為溜冰白癡嗎？

不要！我不會放棄溜冰！

為什麼要寫日記？

我回來了。

先洗手吧！

咦？

日記

是萬哲的日記嗎？

2022年10月28日 早上吃了火腿通粉。非常難吃。

評語

萬哲，老師想看到你寫三行以上的日記啊！

我兒子太丟臉了！

那天晚上。

萬哲啊，你過來。

什麼事？

今天開始，和媽媽一起練習寫日記吧！

為什麼？

媽媽 VS 萬哲

日記寫作

寫日記可以練字啊！

我不想寫！

也可以回顧一天發生過的事。

為什麼要回顧？

這樣才能反省自己，減少犯錯。

我不會犯相同的錯。

上次同學錯有錯着，反而做了大事呢。

那樣才能變成更好的人！

這麼說，現在的我不好嗎？

你為什麼一直頂嘴？

那我可以不寫日記嗎？

哥哥好厲害啊！

我以後不寫日記了。

你給一個字一個字好好地寫。

日記多麼重要，為什麼你們都不喜歡寫？

這個月又入不敷支，我也不想寫呢！

賬簿

嘻嘻，現在要跟日記說再見了。

日記沒有用。

2018
2019
2020
2021
垃圾桶

2018
2021

好不好最後再讀一次？

2018年7月20日
學校路上，看到地上有很多煙頭。大人為什麼會抽煙呢？成大後我要成為記者，訪問吸煙人士。

我小時候居然有這種想法，好厲害！

我的夢想是做記者？

2019年4月17日
老師好像根本不會看日記的內容，只在上面蓋檢閱章。這篇日記也會這樣嗎？

檢閱

嘻嘻嘻

抓住老師的失誤了，所以從那之後，老師一直躲開我。

2020年10月20日
在百貨公司，爸爸給了我100元，我用這些錢買了故事書和遊戲卡。心情非常好！

原來，那時候我跟爸爸的關係這麼好。

現在不好嗎？

遊戲卡
（與爸爸的共同回憶）

哥哥。

我們一起去扔日記吧？

扔掉？

不行！都是珍貴的日記啊！

一小時後。

我想嘗試寫日記。

現在就來記錄新歷史吧！

神犬奇俠有話兒

你們也曾像萬哲一樣，不願意寫日記嗎？從小開始，我們就聽過很多寫日記的好處。其實，日記不是因為應付課堂才寫，而是為了記錄日常。

萬哲說中了我的心聲。

每天都過着一樣的生活，即使想寫，也沒有內容值得寫。

寫日記可以練字，也可以反省自身……還可以……

這種話聽過太多遍了。

世界上有數萬種日記。

- 減肥的大嬸寫的日記……
- 戒煙的爸爸寫的日記……
- 去了鄉下的叔叔寫的日記……
- 照顧孩子的媽媽寫的日記……

走開！

用這個方法，長得更好呢！

《減肥日記》　《戒煙日記》　《務農日記》　《育兒日記》

這樣記錄下來，可以讓我們記住當初做某件事的心情。

還有什麼日記？

日記就是「我的歷史」。

我以前的夢想是做記者？我很有批判精神呢！

因為日記是以我的想法為中心來撰寫的，所以可以清楚看出自己想法是什麼、喜歡什麼和不喜歡什麼，還可以有助發現我們自己都不太了解的面向。

原來我是這樣的人？

心胸越寬廣，文筆越流暢。

在生氣的時候寫日記……

冷靜，冷靜……
有助平伏心情。

日記還可以消化負面情緒。如果堅持寫下去，你會發現心胸會變得越來越寬廣，文筆也會越來越好。

那麼現在就來試試寫日記吧！

想簡單一點的話，可以寫「三行日記」。

　　這是為不想寫長篇日記的同學，而準備的「事實型日記」。每天圍繞以下三個問題寫作即可。
①今天有什麼事情最重要或印象最深刻？
②當時有什麼感受或想法？
③明天會怎麼樣？

我和格雷特踢足球時吵架了。雖然是我先撞到他，但我不是故意呢。他發了很大的脾氣，太過分了。我不知道明天要不要先跟他道歉。

三行也不想寫？畫出來吧！

　　把一天當中印象最深刻的畫面畫下來，然後配上一句旁白。

今天在學校跳馬。沒關係，我已經盡力了。

啊————咪！

如果沒有值得寫的事情，可以給自己寫一句話。

　　沒有印象深刻的事情，也不會畫畫？那麼就寫下現在這個瞬間最想跟自己說的一句話吧。

想對自己說的話？

今天上學，補習，做作業，辛苦了，明天也要加油哦！

做得好！

對不起。　我也是。

最近經常和哥哥吵架，我很不開心。但是，我不是因為吵架而不開心，而是覺得哥哥好像很討厭我。我的心，對不起，讓你難過了。

從上面三個方法中，選一個方式寫一篇日記吧！

日後回看日記時，總是滿載笑聲。

把回憶一點點珍藏起來吧！

為什麼睡覺前不可看手機？

我最近好累。
為什麼？

上課時，萬哲集中不了精神。

午餐時間。
香腸給我吧！
不想吃飯。
嗯……

是因為青春期嗎？
你晚上做什麼了？

看手機直至半夜。

躺下想睡覺，但是又睡不着，於是繼續看。
再看一會兒……

你這是手機成癮，試試把手機關掉才睡覺吧！
嗯……我今晚也打算這樣。

晚上。
睡吧！
滴答 滴答

腦細胞。
處理完最後30分鐘內接收到的訊息就下班。
終於可以休息了。

滴答滴答
還是睡不着啊！
15分鐘後就放棄入睡。

好好休息吧！
今天太累了。

腦細胞起淋啊！
嗶嗶
現在是工作時間。

決定看影片。

嘟嚕嚕 嘟嚕嚕
腦細胞快成為殭屍了……

結果……
萬哲凌晨才睡着。

倒下

早上八時，腦細胞暈倒。

萬哲，起牀去上學啦！

媽媽，別管我，我很嗜睡。

你很嗜睡？

是因為你晚上不睡覺。

好睏啊！

天天都遲到，快點起牀！

一定是你太夜睡覺！

不是那樣的。

是我身體太虛弱了。

給我買點補品吧！

快點去上學！

年紀輕輕就說這種話。

喝豆奶代替補品。

我為什麼活得這麼累？

這是12歲的普遍煩惱。

在萬哲的腦內……

我們也活得好累！

睡覺前不要再玩手機了！

太多訊息要處理，我們沒法休息。

不滿爆發。

讓我們睡覺！

請冷靜。

砰！

萬哲怎麼了？

快醒來！

萬哲，一直呼呼大睡到下課。

109

神犬奇俠有話兒

大家睡覺之前會做什麼？請將自己睡前主要會做的事情寫在下面。

我睡前主要做的事：

_____

_____

① 看書　② 看電視　③ 什麼都不做
④ 玩電腦遊戲　⑤ 看手機　⑥ 寫日記

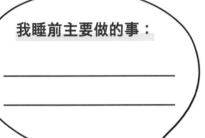

睡覺前看手機會怎樣？

媽媽
萬哲的哥哥（中學生）
所有人都沉迷於我。
萬哲（小學生）
爸爸
智能手機

① 現在是白天還是晚上？

手機發出的光線叫藍光，藍光會持續喚醒我們的身體和大腦，讓大腦一直維持白天的活動狀態。

我很累。

好睏啊，可以休息一會嗎？

現在還是白天。

快振作！

② 玩電話玩得肚餓了？

藍光還會讓我們經常感到飢餓，不知不覺吃更多東西。如果不想過重，就要適時遠離手機。

搜索 小學生減肥方法

③ 朋友都説我情緒很敏感！

晚上玩手機會導致睡眠不足，無法深層睡眠，使我們更容易疲倦。身體疲勞，會導致我們情緒敏感。

身體和大腦每天要不斷處理我們看到的、聽到的、思考的、感受到的訊息，工作量和難度都很巨大。身體和大腦唯一可以完全休息的時間，就是睡眠時間。

睡前一小時，我們不應玩手機。那麼，我們應該如何利用這段時間呢？

小提示

睡前做什麼好？

①做喜歡的事

看書，畫畫，整理房間等等，只要不看電腦或手機，做什麼都可以。

側彎腰。　　伸展腿部。　　向前伸展腰部。

②寫些小文章

不一定要寫日記，可以寫今天發生的事、明天要做的事，或者寫幾句稱讚自己的話。

③做伸展運動

如果平時沒有時間做運動，就可以好好利用睡前時間，做一些拉筋運動，幫助入睡。

後續故事

零用錢該如何運用？

請再給多點零用錢。

媽媽賺錢不容易，你們不要亂花哦！
發零用錢的日子。

知道了。

三日後。
媽媽，我們要去戶外參觀，請給我零用錢。
三天前才給過你。

美味小食店
我請你們吃。
漂亮的筆
新款貼紙
呃……

你給的零用錢太少了！我想夾公仔和買文具。

什麼？

你看。
文具有很多了。

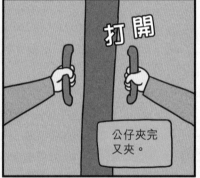
打開
公仔夾完又夾。

你去把這些賣掉吧！

根本是你亂花錢！

罰你這周沒有零用錢！

我不來了。
我們明明約好一起去夾公仔呢！
好丟臉！

112

福滿，你的零用錢沒花完吧？
借100元給我吧！

姐姐，你還欠我500元。
賬簿

你這個吝嗇鬼！

哼！
我存錢存得多辛苦。

大家都吃雪糕時，福滿忍着。
你不吃嗎？
很想吃。
我很飽。

模型店裏。
$500
想買的東西也不買。
只默默地看100次。

厲害！
現在知道存錢多麼辛苦吧？
這是我的血汗。

沉迷於存錢的樂趣。

翌日。
小息。
放學後上去吃雪糕嗎？
好！

要叫福滿嗎？
不了，他從來不花錢。
我們不要跟吝嗇鬼一起去。

怎麼會這樣？
我成了吝嗇鬼？

神犬奇俠有話兒

福壽和福滿得到了同樣金額的零用錢，但用法完全不同。各位跟誰更像呢？

福壽型		福滿型

福壽型：有錢就花，沒錢就捱餓。

VS

福滿型：存錢比花錢更開心。

錢怎麼花光了？　　　　　　　　　　喜歡把錢完完整整地存起來！

應該很多人都跟福壽和福滿一樣，有自己的零用錢吧？大家收到零用錢後，有沒有認真想過應該怎麼花？對大家來說，錢的意義是什麼？

對我來説，錢是什麼？
①能買美食的東西。
②能買需要的工具的東西。
③不知為何非常想要的東西。
④從未想過是什麼的東西。

錢？是留不住的東西。

沒有什麼想法。

錢可以說是用來交換想要的東西的工具。既然是這樣，用在真正該用的地方，不是更好嗎？

我的零用錢去哪裏了？

買想要的東西	為家人或朋友而花	存了起來	毫無記憶用在哪裏
壓力指數 -30 開心指數 +30	感情 +20	節儉值 +30	窘迫感 +20 記憶力 -10

買想要的東西：已經看了100次，終於捨得買回去。我要這輛單車。

為家人或朋友而花：這是我的心意。

毫無記憶用在哪裏：放在這裏的錢全都去哪裏了？

如果有想起來覺得「零用錢花得真對」的
事情，請寫在下面！

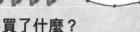

要誠實地
作答哦！

過來吃吧！

我要好好思考
如何善用你？

```
零用錢花得真對！
```

買了什麼？   買得對的理由：

雖然一般都是在有需要時才花錢，
但總有些時候，我們會覺得這些錢應該
可以花在更值得的地方，不是嗎？

錢越多
越好！

零用錢會有花得對的地方，也會有花
得不值得的地方。現在了解一下自己的消
費習慣，將來才能成為精明的消費者。

存錢不一定
就是好的。

但是把錢存起
來，才能買自己
想買的東西。

想買東西的時候，先問問自己
為什麼要買它吧！

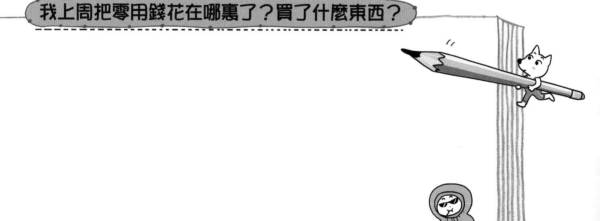

我上周把零用錢花在哪裏了？買了什麼東西？

第六章
家庭關係

有關家庭我不知道的事。

一定要父母和孩子住在一起，才算是一家人嗎？

不是呢，現在各種各樣的家庭都有，沒有標準答案。

為什麼家人總是不懂得我的心意？

獅子與兔子戀愛了。

為了表達愛意，他們想互相給對方送禮物。

她會喜歡什麼禮物呢？

我要把最珍貴的東西送給他。

我為你準備了一份禮物。

獅子每天都送牛肉給兔子。

這次我準備了里脊肉。

但是，兔子根本不吃牛肉。

兔子每天都送蔬菜給獅子。

這是天然有機蘿蔔，我很難才找到的。

雖然他們經常互相送禮物……

但其實獅子不吃蔬菜，兔子又不吃肉。

過了一段時間，獅子感到很沮喪。

兔子為什麼不喜歡我的心意？

兔子也對獅子感到很失望。

獅子為什麼不吃我送給他的東西？

他從來只想自己。

就這樣，誤會不斷積累，最終他們分手了。

我們分手吧！

再見。

獅子與兔子

唉！

竟然分手了，好傷心……

什麼？

結局怎麼樣了？

出來吃飯啦！

神犬奇俠有話兒

人們看到喜歡的東西，都會想和最親近的人分享。但是，爸爸送的平板電腦，對媽媽來說毫無用處，而靜慧從玉棟得到的回饋也只有失望。如果爸爸送禮物之前，能考慮媽媽的心情多一點，靜慧也多了解玉棟一點，一切都會變得不一樣。

玉棟家的送禮循環

其他朋友也說，他們也有類似的經歷，就像以下情況。

即使出於好意，但是如果不考慮對方感受，只按照自己的想法來做，最終還是會令對方難堪，也讓自己失望，獅子和兔子就是最好的例子。如果獅子和兔子想守護彼此的愛意，應該怎麼做呢？很想看看大家會怎麼改寫獅子和兔子的故事。

重寫獅子與兔子的故事

獅子和兔子都愛上了對方。他們為了互相表達愛意，決定給對方送禮物……

你知道我有多辛苦嗎？

中秋節，大人都很忙。

老公，我要兩棵蔥、一隻雞蛋。還有肉。

我立即去買回來。

叔叔

叔叔真會幫忙。

媽媽

玉棟的爸爸只會看電視！

有比較，有傷害！

請幫忙搓麵糰。

嬸嬸

節目都這麼無聊。

真不像話！

起來！

內心獨白

你別只躺着，去照顧一下孩子吧！

嫲嫲

辛苦你了，去休息吧！

我也想休息啊……

媽媽做午飯中。

蔬菜煎餅

滋滋

靜慧

玉棟

爸爸

嘩！

很難吃！

內心獨白

媽媽，我想吃薄餅和炸雞。

我想去買好吃的東西。

這些食物不健康，你們就乖乖吃蔬菜煎餅。

過來吧，爺爺給你們錢，去買好吃的。

100

多謝！

來，嫲嫲請你們吃糖果。

啊……

糖果

這款糖果不好吃。

我才不要！

真沒禮貌！

爸爸

122

嘛嘛給你東西，你就應該禮貌地收下！

但我不喜歡吃她送的糖果！

沒關係，不想吃就不吃吧。

嘛嘛的心受傷了。

靜慧很生氣。

吃飯啦！

我不吃！

那天晚上。

你們今天都太累了，晚上出去吃吧！

真的嗎？

太好了。

叔叔

幹嗎要去外面花錢？家裏有什麼就吃什麼吧！

你來煮飯！

媽媽一直看着爸爸。

真奇怪，怎麼覺得背後發涼。

回家路上。

哎喲，好累啊！

你憑什麼覺得累？

一整天只躺着休息！

什麼？你以為開兩三個小時車去嘛嘛的家容易嗎？

比我一整天都在做飯洗碗還累嗎？

中秋佳節，一家人應該融洽相處，你們不要吵了。

閉嘴，別說話！

接着⋯⋯

嗶嗶

咘咘

在高速公路的晚上特別漫長。

123

靜慧一家回家後……

快點裝睡吧！

媽媽太敏感了。

誰說得有道理？

你沒看到媽媽整天都在幹活嗎？

爸爸就沒功勞嗎？他開了很久車。

雖然是這樣，但是做家務比開車更累。

真的嗎？

別再說了。

呃……

媽媽和爸爸為什麼那麼生氣？再看一遍他們說過的話吧！

中秋節時的媽媽……

玉棟的爸爸只會看電視！

有比較有傷害！

請幫忙送麵糰。 沒問題。

家裏有什麼就吃什麼吧！

你來煮飯！

媽媽一定很傷心吧……

中秋節時的爸爸……

我不睏，我要專心駕駛！

哎喲，好累啊！

你憑什麼覺得累？

一整天只躺着休息！

爸爸也很累呢！

還記爸媽經常叫我們和睦相處……

父母有各自的勞累，這麼看來，他們沒有互相體諒對方。如果能稍微站在對方的立場思考，說話溫柔一點，情況會否不一樣？

回到中秋節
的前一天。

老公，晚上我們
去外面吃吧！

明天有太多事情要
準備，會很累的。

好啊，
就這麼
決定。

中秋節。

哎喲，辛苦
老婆了！
等會要多
吃點哦。

回家路上。

好累啊！
我們去休息站歇
息一會兒，再
繼續走吧！

如果是那樣
就好了。

姐姐，你也對媽媽
好一點吧！

我怎麼
了？

說起來，嬤嬤給你
糖果，你說不吃的
態度……

就是你每天對
媽媽的態度啊！

我真的是
這樣？

姐姐，其實
率直跟不體諒
人只是一線
之差。

我知道
了。

　家人是我們最親近，也是最容易
被我們傷害的人。因為是一家人，所
以總是覺得一切都是理所當然。

來，嬤
嬤給你糖
果，收下
吧。

糖果

謝謝！

　所以，越是親密的關係，我們越是要經常說謝謝。
就算生氣，也要心平氣和地說話，我們一起努力吧！

稱讚父母的神奇魔力

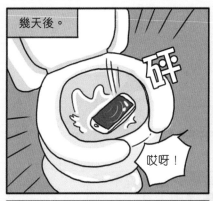

幾天後。

碎

哎呀！

我說過不要擅自拿爸爸的手機來玩！

完蛋了。

罰你舉高雙手！

事到如今，沒有辦法了，下次小心點吧！

爸爸真好。

還是爸爸寬宏大量。

心胸廣闊，人也帥氣。

我很寬容？難道我是仁義的化身？

爸爸很高興呢！

稱讚日記第十五天。

家人好像變得不一樣。

兒子，是時候吃飯。

好的，謝謝你來叫我。

→弟弟（9歲）

日記

對媽媽發起稱讚攻勢？

我也要試試。

日記

晚飯時間。

好好吃！媽媽煮的糖醋肉太棒了。

多吃點吧！

翌日。

噠噠

糖醋肉

看，♥是你們喜歡吃的。

好味道！

一周後。

來吃♥吧！

噢！

你們去哪裏？

糖醋肉好難吃啊！

不是真心的稱讚，就像沒有餡的麵包一樣空洞。

神犬奇俠有話兒

各位平時經常稱讚別人嗎？

一天一次？

你一天大概會稱讚別人多少次？

①1-2次 ②3-5次 ③6-9次 ④身邊沒有值得稱讚的事情

你通常會說哪些稱讚的話？

①對外表的稱讚（衣服漂亮，髮型很適合等）
②對內心的稱讚（善良，勇敢，懂得體諒別人等）
③對努力的稱讚（「你盡全力踢球時真是帥氣」等）

你通常在什麼情況下稱讚別人？

①真正發自內心想讚歎時
②隱藏自己的羨慕時
③維持良好的氣氛，禮貌上回應

出自真心的稱讚的確可以傳達心意，但是非真心的稱讚就很可能會造成誤會，甚至讓對方不愉快。

稱讚完媽媽之後。

別說奇怪的話了，用心聽課吧！

吃了一周的糖醋肉之後。

哥哥，你不是說稱讚是好事嗎？

千萬別說假的稱讚。

怎麼做才是好的稱讚？

爸爸說他要戒煙，怎麼做好呢？

①帶着關心好好觀察。

舉例 觀察爸爸

爸爸決定要戒煙。

加油！

抽煙的時候

不抽的時候

每次爸爸一抽煙就嘮叨他。

不可以抽煙。
要遵守諾言。
已經三個小時沒有抽了。

結果得到了反效果。

不管了，我要抽煙！

②稱讚過程，而不是結果。

發現爸爸抽煙的次數比平時減少了。

要抽一口嗎？
呃……

以前他兩小時抽一次煙，現在四小時沒抽了。
爸爸正在努力戒煙。

在家人的打氣下，爸爸得到力量。

我真棒！
好有型

 比稱讚更重要的是觀察。

在觀察的過程中，我們會發現平時不知道的事情，並慢慢更關心彼此。

稱讚會讓雙方有好心情。大家都來找找家人、朋友和身邊所有人有哪些我們平時容易忽略，但值得稱讚的事吧！

稱讚他人，其實也是關心的一種。請在下面寫下以前我們過往忽略了，但心存感激的事情。

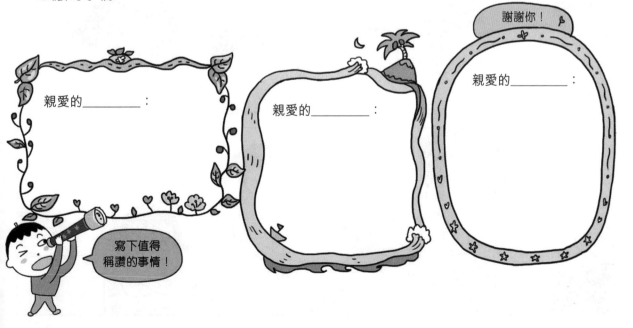

親愛的_____：

親愛的_____：

謝謝你！

親愛的_____：

寫下值得稱讚的事情！

怎樣才算是家庭？

請在下周前遞交申請。

學校。

親子周末活動

福壽，你會報名嗎？

她不能去。

？

為什麼？

福壽沒有爸爸。

想 哭

喂，你的話很讓人不舒服！

我爸爸只是在外國工作而已。

反正你去不了！

福壽去不了已經很傷心了，你不要這樣。

住嘴

我哪裏說得不對？

啊！

你說夠了嗎？

懲罰

福壽變成復仇之神。

回家路上。

福壽一定很傷心。

對啊。

我們不能隨便拿別人的家人開玩笑。

但福壽也不應使用暴力。

那是因為你不知道……

我很理解福壽的心情。

其實……

吃吧。

不吃。

我七歲以前都是跟嫲嫲一起住。

因為爸爸媽媽都要工作。

原來如此，所以呢？

你不驚訝嗎？

我父母離婚了。

我和爸爸一起住，周末才跟媽媽見面。

對不起。

沒關係，我一開始確實覺得很難過。

但其實現在仍然可以經常跟媽媽見面。

跟媽媽好好相處吧！

爸爸→

媽媽→

跟爸爸住。

我覺得我們還是一家人。

雖然分開了生活，但我們的心一直在一起。

占美好堅強啊！

如果把這些話告訴福壽，應該能給她力量吧？

托里十分感動。

131

另一方面，福壽與江哲……

你站住！

我又沒說錯，你為什麼打我？我的臉都被你毀了！

還我帥氣的臉！

很痛嗎？

當然了！

我也很痛呢！不能跟爸爸一起生活已經很傷心了，你還拿這個來嘲諷我。

神犬奇俠有話兒

因為工作原因，福壽的爸爸跟女兒分開了。江哲的話讓福壽感到被嘲笑。大家怎麼看呢？

江哲那樣說話是不對的。儘管是事實，但是聽到這種話心情肯定會不好。

我可以理解福壽想念爸爸的心情。但是，福壽不應該用暴力對待江哲。

福壽和江哲的行為都可以理解……但最好不要隨便討論別人的家事。

我們一般將家族理解為「住在一起且有血緣關係的父母與子女」。但是，就算不是生活在一起，只要彼此珍重和珍惜，都是一家人。其實，我們身邊有很多不同形態的家庭，請看看以下例子。

福壽啊！

爸爸在外國，我和媽媽在香港。

和爸爸分開生活的福壽

爸爸（韓國）　媽媽（日本）

中基

混血兒中基

雖然只有周末才能和媽媽見面，但是平時也經常聯繫。

父母離婚後，跟爸爸一起住的占美

與嫲嫲一起生活的羅拉

父母離婚後，母親再婚的基南

因應環境和文化的差異，世界各地有着各種形態的家庭。

中國納西族

納西族中，媽媽是家庭的中心。即使結為夫妻，男女雙方依然會住在各自的家。孩子出生之後，則會住在媽媽的家。

各種領養家庭

很多夫婦會選擇領養子女，即使孩子的膚色和自己不同，也能成為一家人。

像上述這麼多樣化的家庭越來越多。所以，我們不能只用一個標準來定義家庭。

因為想法不同而嘲笑別人，是不友善的行為。好好想一想我們是否對「家族」這個概念有任何偏見？這些偏見會不會給朋友帶來無心的傷害呢？

後續故事

133

第七章
大自然

可以和動植物好好共存嗎？

養寵物雖然好，但是責任太大了。

狗和人類是不同的動物，所以生活方式、喜歡的事情都不同。

我和旺旺小狗

福南家養了一隻小狗。

我是旺旺，五個月前來到福南家生活。

爸爸媽媽去上班，福壽和福南都去上學時……

好好看門哦！

一整天只有我一個在家。

福南早點放學就好了。

黃昏。

好耶！

我回來了。

雖然福南很喜歡跟我玩……

我們來玩耍吧！

我要去補習了。

但是福南不知道，他跟我玩的時間太短了。

晚上。

晚上出去散步，我真的很開心。

散步的時候，福南好可怕！

冷靜點！

我口渴了。

快走，已經很晚了。

我的事情還沒辦完！

不久後，福南一家去旅行，將我送到寵物酒店。

我之後回來接你！

不要丟下我。

福南……

我好像要被遺棄了，心裏非常害怕。

神犬奇俠有話兒

福南和小狗旺旺一起生活了五個月，養狗的事情跟福南想像的不太一樣。或許，福南想像中的情況是以下這樣？

福南的夢想 feat 旺旺

①旺旺和我可以常伴彼此。

②和旺旺有型帥氣地散步。

③不高興的時候，旺旺給我安慰。

④得到朋友的稱讚和羨慕。

旺旺太可愛了！

福南一開始沒意料到飼養寵物是這樣的，這令他有點不知所措……

 原來飼養寵物一點也不容易。

飼養旺旺要做的事 feat 旺旺

①收拾糞便

你到底一天拉幾次屎？

②打掃家居

好多狗毛啊！

③替牠洗澡

除此之外，還要每天散步，提供乾淨的飲用水，按時餵食等等。

養寵物雖然帶來很多快樂，但同時需要主人悉心照料。

 什麼時候回來啊？

 整天只待在家裏，會抑鬱的。

雖然旺旺小狗在福南家住得很好，但是一整天都沒有家人陪伴，有時候甚至因為大家都很忙，而去不了散步，這樣會影響牠的身心健康。

跟寵物一起生活，有心就可以了嗎？

 VS

人類和狗已經一起生活了很長的時間了。雖然彼此的關係一直很深厚，但是兩者的生活環境和模式很不一樣。

- 用視覺觀察四周。
- 吃巧克力可令心情變好。
- 每天也要洗澡。
- 一天平均睡7至8個小時。

- 以氣味來判斷狀況。
- 吃巧克力會有危險。
- 每日洗澡的話，可能會得皮膚病。
- 一天平均睡12至15小時。

其實人類並不很了解狗的世界呢！

所以請好好思考，應該怎樣照顧寵物？怎樣才能讓牠們和人類都感到幸福？

這些問題很值得深思。

寵物和人一樣，每一隻都有自己的個性。我們不能把牠當成玩具，或只按自己的意願來對待牠。試試去了解狗的性格，這樣牠才會成為我們的好朋友哦！

養寵物前，停一停，想一想！

①用領養代替購買。

不要只想着去寵物店買可愛的寵物寶寶，可以考慮去動物保護中心領養。

②養寵物的好處和壞處都先考慮清楚。

養寵物有好處，當然也有壞處。想一想，養寵物會不會增加家人的負擔或影響他人呢？（例如：昂貴的醫療費、由噪音引起的鄰里爭執。）

③寵物不是玩具，是我們的家人。

你是不是覺得牠很可愛，可以給你做玩具才想飼養？如果是這樣想，就請你重新考慮吧！

晚上出來散步，好玩吧？
牠看起來很不舒服。
牠肯定想下來自己走。

花朵很漂亮，可以摘下來嗎？

春季旅行

學校帶同學去郊野公園。

來，大家跟好隊伍。

看到花，心情會變好。

好想帶回家啊！

你在幹嘛？

說了不能隨意摘花。

好的……

這叫什麼花？

老師來了！

送給老師。

下次不要再摘花哦！

嘻嘻，收到花了。

把花摘走也沒關係嗎？

← 摘了一朵

在車上。

好香啊！

早知道我也摘一朵。

給我吧！

不要，這是我的。

福滿把花帶回家。

媽媽一定會很喜歡。

媽媽，送給你！

什麼？

為什麼帶花朵回來啊？

不能隨意採摘花朵！

其他人也摘了……

一周後。

花凋謝了。

周末，福滿跟媽媽一起去外婆家。

今次要多摘一些，回去放久一點。

來到花田。

很多花啊！

準備拍照了哦！

好多人前來拍照。

好漂亮啊！

摘一朵吧！

咔嚓

咔嚓

好耶！

福滿來了？快進來吧！

外婆。

這時外婆來到戶外，看見大家都在摘花。

這朵花好漂亮。

不，那朵更好。

喂！

只可觀賞，不准採摘，你們會毀掉花田！

大嬸，這裏這麼多花，本來就會不小心踩到。

好不容易來觀光，大嬸太沒人情味了。

這樣誰還再來，哼！

這裏的花我用了很多心機栽種。

我們走！

應該要珍惜和愛護才對……

但福滿沒有理會外婆的話。

不留痕跡地摘走花朵。

他認為這樣沒關係。

漂亮！

回家路上。

福滿。

花朵竟然說話了。

請不要摘花。

我們不是只為你一個人綻放的。

神犬奇俠有話兒

有時候，看到路邊的花或者海邊的石，我們也會像福滿一樣，想帶回家。這種時候應該怎麼做？

「沒問題」組	「只摘一朵」組	「原封保留」組

它又沒有主人，帶回去有什麼問題？

海邊的石頭，撿一塊回來又不會怎麼樣？

她只是想送花給我，沒有必要教訓她。

這裏有這麼多花，摘一兩朵沒關係吧？

不是自己的東西，這樣隨意帶回來，好像不太好。

不管是花，還是石頭，在自己該在的地方才是最美。

我們當然想將漂亮的東西留在自己身邊。如果能夠好好珍惜帶回來的東西，偶爾帶回來一兩個也是可以的。

但是，看看右邊的漫畫，這些事情有可能發生在你身上嗎？

142

花朵盛開，需要水、風、陽光、土壤，以及長時間的栽培。海邊的鵝卵石、小沙粒也是經過數百年，甚或數千年的海浪拍打才形成的。大自然花費長時間悉心護養的東西，我們隨便拿走會否不太好？不要看到什麼都想據為己有，靜靜觀賞也可以領略到它們的美好啊！

試試這樣做吧！

把花朵畫下來，寫上觀賞時間、地點和感覺。

拍下照片，並收藏在相冊內。

也可以試試親自種花。

從那之後的福滿……

當你想把大自然中漂亮的東西帶回家時，先想一想這樣做是不是正確。

螞蟻的故事

和暖的春日。

在幹什麼？

原來是在看昆蟲。

一會兒後。

？

老師，你看看這個！

我的天，這是什麼？

你們不能隨意將昆蟲帶離牠們本來生活的地方。

我想把牠們帶回家養。

我想在家裏觀察昆蟲。

我會給牠食物呢！

但是，螞蟻和蚯蚓都不吃葉子。

回家後，你們要好好安放牠們，並給予糧食。

好的，老師。

應該沒事吧？

那天下午。

回家路上

他們怎麼還不回家？

老師，我們讓螞蟻游泳。

嘻嘻！

你們不是說要帶回家養嗎？

死了的話，怎麼辦？趕緊把牠們放回原來的地方！

到底……
該從哪裏開始給他們解釋？

老師正在講解昆蟲的習性。

受罰中……

通話轟炸

讓螞蟻游泳，螞蟻會死。

蚯蚓喜歡濕潤的土壤，不喜歡在水裏生活！

知道了。

我有信心可以在家裏好好養蚯蚓。

雖然很可惜，但男生們還是放走昆蟲。

總覺得我們應該把牠們帶回家。

牠們應該會很開心吧！

站在螞蟻的角度思考。

和暖的春日。

是甜甜的蜜糖。

雄性螞蟻（♂）

我們現在要去覓食。

快走吧！

快逃！

哎呀！

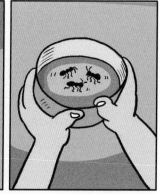

145

神犬奇俠有話兒

當寒冷的多天過去，溫暖的春天來到時，泥土裏的種子開始發芽，生活在土壤深處的各種昆蟲和小動物也開始出來活動，例如：螞蟻、蜘蛛、毛毛蟲、蚯蚓、蝸牛、甲蟲……在戶外找個角落觀察一下，你會發現不同的昆蟲。

各位喜歡昆蟲嗎？雖然有些同學很害怕昆蟲，但是也有很多人覺得牠們新奇有趣，有時候更會和幾個朋友一起把牠們捉起來近距離觀察，或者想留住牠們，就像萬哲和格雷特那樣。

在以前沒有那麼多玩具的年代，有些人會捉小昆蟲來玩。玩着玩着，會把牠們的翅膀折下來，或者把牠們放進空氣不流通的罐子裏，那時候大家很少去思考生命的珍貴之處。但是，我們應該都知道，無論多細小的生命都值得我們珍惜吧！

我討厭昆蟲，看着都覺得噁心和可怕。

有什麼可怕？牠們又小，又沒力氣，我倒覺得很可愛，拿在手裏玩正合適。

我的朋友每次看到昆蟲都會用腳踩。

好殘忍！

那麼把昆蟲帶回家養可以嗎？如果不了解昆蟲的習性和生活習慣，就帶牠們回家養，昆蟲最後很可能會死去。

為什麼不吃呢？

蝦肉

此外，對螞蟻和蜜蜂這種過羣居生活，而且領地意識非常強的昆蟲來說，即使再次放生牠們，牠們很難找到回家的路，最後就只會迷失方向，慢慢死去。

你以為只要有路，我就曉得回家嗎？帶我回家吧！

這個要問萬哲……

螞蟻是你帶過來的，我只捉了蚯蚓。

對新奇漂亮的昆蟲來說，對待牠們最好的方法就是靜靜地觀察、拍照或畫畫。千萬不要隨便觸摸或移動牠們！尊重昆蟲的生活，你做到嗎？

向羊絨說不

羊絨大衣購買記

鬧市中。

靜慧啊！

不要看到什麼都想買！

特價三折

冬季大減價

這是羊絨大衣，又輕又暖，冬季最適合了。

現在大減價！

★★★★ 好看！ ★★★★ 便宜！

媽媽！

太太，這件還不用200元。

200元都不到呢。

不是便宜就要買。

那種款式的衣服，家裏已經有了。

這件材質較高級，款式也漂亮得多！

而且還很便宜。

靜慧……

是因為像我，才喜歡購物嗎？

（捨不得花錢）

媽媽 看着靜慧的真誠請求，還是買下了大衣。

翌日。

你知道羊絨嗎？

？

當然知道！

好漂亮啊！

我的外套也是99%羊絨。

我的毛衣也是。

真的嗎？

我的襪子也是。

還有我的冷帽也是。

靜慧想到了一個問題。

這麼多羊絨都是從那裏來的呢？

難道大家都養羊嗎？

148

羊絨從哪裏來？

羊毛就是羊絨的原材料。

因為又輕又暖，所以經常用在冬季衣服上。

羊絨越來越受歡迎，所以為了獲得更多羊毛……

人類開始養越來越多羊隻。

因為容易買到，所以也容易拋棄。

人類對羊毛的需求越來越大。

蒙古的沙漠面積比率	
2000年	2022年
約40%	約77%

沙漠面積越來越大。

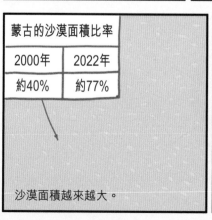

在蒙古的草原。

我的幸福是地球的不幸？

神犬奇俠有話兒

冬天來的時候，有些人會從衣櫃裏拿出厚衣服，有些人會像靜慧一樣去買新的外套。你們在買新衣服時，最看重什麼？

羊絨

用山羊毛製成的材質，非常柔軟、輕薄和溫暖，價格相宜，經常用於冬天衣服。

買衣服時，什麼因素最重要？ yes or no
（我們最留意衣服的什麼？）

漂亮的衣服最棒！

想要看起來漂亮奪目。

看我多漂亮，不要迷戀我！

是名牌我就買。

時尚的衣服至少要有一件吧！

這是現時最流行的衣服。

你也買了？

我也買了。

如果只考慮衣服是否美觀，那麼買衣服時就會變得盲目，而且不會考慮到對地球的影響。

等等，我先確認布料。

一定要先確認用了什麼布料，以及在哪裏生產。

這件多少錢？

便宜且質量好的衣服最棒。

這件是最便宜了。

請給我最便宜、質量最好的衣服。

以韓國為例，吹到韓國的黃沙，有50%來自蒙古的沙漠。隨着蒙古的沙漠面積擴大，每年吹到韓國的黃沙越來越多。

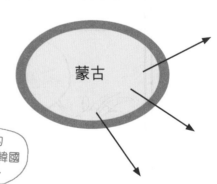

蒙古

沙漠的黃沙吹至四周的國家。

原來，我買的羊絨可能會導致韓國黃沙污染……

我們買的東西可能會影響地球的某一處角落，最終或會影響到自己，因為地球上的所有生命都是彼此聯繫的。

如果能減少買衣服的次數，選材質好的衣服長期穿着的話，對我們和生態環境都會有幫助。但是，我們身處在冬夏分明的地方，需要的衣服有很多；而且同學們正處於發育期，衣服很快就會不合穿，是不可能不買新衣服的。那麼，每次買衣服的時候，請記住以下兩點。

①穿着適合自己風格的衣服

很好看！♡

你不適合這種衣服。

沒關係的，同學都穿這種衣服。

比起盲目追求潮流，最好的是找到真正屬於自己的風格。

②把衣服傳承下去

這是表姐去年穿的衣服。

我不要穿別人穿過的衣服！

你每天都穿不同的衣服。

穿一次試看吧！

這是我表姐的衣服。

好漂亮啊！

穿別人的舊衣服，是守護地球的好行為。

各位，不要忘記，一件衣服也能拯救地球！

新雅・成長館

成長疑難解答所：給小學生的成長指南漫畫

作　　者：心花雜誌（Blooming of Minds Magazine）
繪　　圖：崔蘭
翻　　譯：何莉莉
責任編輯：黃稔茵
美術設計：張思婷
出　　版：新雅文化事業有限公司
　　　　　香港英皇道499號北角工業大廈18樓
　　　　　電話：(852) 2138 7998
　　　　　傳真：(852) 2597 4003
　　　　　網址：http://www.sunya.com.hk
　　　　　電郵：marketing@sunya.com.hk
發　　行：香港聯合書刊物流有限公司
　　　　　香港荃灣德士古道220-248號荃灣工業中心16樓
　　　　　電話：(852) 2150 2100
　　　　　傳真：(852) 2407 3062
　　　　　電郵：info@suplogistics.com.hk
印　　刷：中華商務彩色印刷有限公司
　　　　　香港新界大埔汀麗路36號
版　　次：二〇二二年十一月初版

마음이 100cm 커지는 어린이 생각 연구소 (Where Minds Grow Big as 100cm, Kid's Thinking Laboratory)
Text copyright © Blossoming of Minds Magazine, 2021
Illustrations copyright © Ran Choi, 2021
First published in Korea in 2021 by Gimm Young Publishers, Inc.
Traditional Chinese edition copyright © Sun Ya Publications (HK) Ltd., 2022
All rights reserved.
This Traditional Chinese edition published by arrangement with Gimm Young Publishers, Inc. through Shinwon Agency Co., Seoul.

ISBN: 978-962-08-8105-3
Tradition Chinese Edition © 2022 Sun Ya Publications (HK) Ltd.
18/F, North Point Industrial Building, 499 King's Road, Hong Kong
Published in Hong Kong SAR, China
Printed in China